中华人民共和国

证券法

新旧条文对照与适用精解

| 新旧对照 | 逐条解读 | 关联指引 |

全面阐释2019年修订后的证券法

邢会强 编著

ZHONGHUA RENMIN GONGHEGUO
ZHENGQUANFA
XINJIU TIAOWEN DUIZHAO YU SHIYONG JINGJIE

中国法制出版社
CHINA LEGAL PUBLISHING HOUSE

序　言

2019年12月28日第十三届全国人民代表大会常务委员会第十五次会议审议通过了《证券法》修订草案，这是《证券法》的第二次全面修订。

本次《证券法》的修订力度是比较大的，修订前的《证券法》（以下简称2014年《证券法》）有240个条文，修订后条文减少到226条。在新《证券法》的226个条文中，只有57个是从2014年《证券法》平移过来的，其余169个条文都有不同程度的修改（约占新法条文总数的75%）。

这次《证券法》修订主要有以下四个方面的特点：

一是市场化。新《证券法》废除了实施二十年的证券发行核准制，全面规定了证券发行注册制。在本次《证券法》修订的第一次审议稿中，仅仅规定了股票发行注册制，债券发行还是核准制。在本次《证券法》修订的第三次审议稿中，仅仅规定了科创板施行股票发行注册制，其他板块还是核准制。而最终出台的新《证券法》则全面废除了核准制，引入和规定了注册制，力度之大，超乎预期，显示了我国资本市场坚持市场化改革的决心。

二是法治化。新《证券法》在放开“入口”的同时，加大了事中、事后监管，具体表现在：引入了欺诈发行股票的责令购回制度（第24条）、先行赔付制度（第93条）、尽量将责任精确到个人（第85条）、投资者适当性管理制度（第88条）、专门的投资者保护机构制度（第94条）以及中国版的“集团诉讼”制度（第95条）、行政执法和解（第171条）、奖励举报制度（第176条）；规定了上市公司不得滥用停牌权（第110条）；废除了暂停上市制度；加大了中国证监会的执法权限，规定中国证监会可以对拒绝、阻碍证券监督管理机构及其工作人员依法行使监督检查、调查职权的进行罚款（第218条），大大提高了法律责任，加大了处罚力度，提高了违法成本。

三是现代化。新《证券法》体现了我国资本市场建设取得的进展。增加了新的证券种类——存托凭证，明确了资产支持证券和资产管理产品属于证券；规定了《证券法》的域外效力（第2条）；将“证券交易所”扩展为“证券交易场所”；修改了“证券市场禁入”的涵义（第221条），将对公职人员的“行政处分”修改为“处分”，以与《监察法》同步（第216条）。

四是数字化。新《证券法》体现了数字经济时代的一些特点。例如，将对客户保密制度升级为投资者个人信息保护制度（第41条）；规定了程序化交易（第45条）；明确信息披露的载体包括证券交易场所网站，废除了“指定的媒体发布”（第86条）；创新了中国版的“集团诉讼”制度（第95条），这一制度是离不开大数据支撑的；规定证券登记结算机构可以提供信息服务（第147条）；证券服务机构中新增信息技术系统服务机构（第160条）；等等。

总而言之，新《证券法》的变化是非常大的。为了更好地理解和实施新《证券法》，笔者逐条对新《证券法》进行了对照与解析，对一些条款给出了适用提示，有的则给出了相关法律法规索引。

本书的特点是：

1. 新旧对照。本书采取新旧条文对照的表格形式，对法律修改之处用**黑体字**一一标明，便于读者快速掌握新《证券法》的最新精神。

2. 逐条解读。条文解读精炼、突出重点，理论性与实务性兼顾，有效帮助理解法条并指导新法适用。

3. 关联索引。在对照表中标注相关法律法规索引，有助于读者进一步检索相关规定，补充知识链，使本书成为掌握证券法规范体系的“一本通”。

本书字数适中，便于携带，是广大证券法学理论研究者和实务从业人士的必备案头书、口袋书，也是新《证券法》培训必备资料。

希望本书对于读者学习、理解和运用新《证券法》有所助益。

邢会强

2020年2月10日

目　录

《中华人民共和国证券法》新旧条文对照与适用精解

（条文中的重要修改之处用黑体字凸显）

2019 年《证券法》①	2014 年《证券法》	适用精解
第一章　总　则	**第一章　总　则**	
第一条　为了规范证券发行和交易行为，保护投资者的合法权益，维护社会经济秩序和社会公共利益，促进社会主义市场经济的发展，制定本法。	**第一条**　为了规范证券发行和交易行为，保护投资者的合法权益，维护社会经济秩序和社会公共利益，促进社会主义市场经济的发展，制定本法。	本条未作修改。 本条规定的是《证券法》立法目的。 本条规定了《证券法》四个层次的立法目的：（1）直接目的是规范证券发行和交易行为；(2)核心目的是保护投资者的合法权益；（3）更高层次的目的是维护社会经济秩序和社会公共利益；（4）最终目的是促进社会主义市场经济的发展。 以上四个方面的目的是层层递进的关系。
第二条　在中华人民共和国境内，股票、公司债券、**存托凭证**和国务院依法认定的其他证券的发行和交易，适用本法；本法未规定的，适用《中华人民共和国公司法》和其他法律、行政法规的规定。 政府债券、证券投资基金份额的上市交易，适用本法；其他法	**第二条**　在中华人民共和国境内，股票、公司债券和国务院依法认定的其他证券的发行和交易，适用本法；本法未规定的，适用《中华人民共和国公司法》和其他法律、行政法规的规定。 政府债券、证券投资基金份额的上市交易，适用本法；其他法	本条已作修改。 本条规定的是《证券法》调整的证券范围以及域外效力。 **本条第一款增加了一种新的证券种类——存托凭证。**2018 年 6 月 6 日，中国证监会发布了《存托凭证发行与交易管理办法（试行)》，将存托凭证列入了证券范围。本次修改正式将存托凭证纳入了《证券法》的调整范围。存托凭证是指由存托人签发、以境外证券为基础在中国境内发行、代表境外基础证券权益的证券。

① 指 2019 年 12 月 28 日第十三届全国人民代表大会常务委员会第十五次会议修订通过的《中华人民共和国证券法》。

续表

2019年《证券法》	2014年《证券法》	适用精解
律、行政法规另有规定的，适用其规定。 **资产支持证券、资产管理产品发行、交易的管理办法，由国务院依照本法的原则规定。** **在中华人民共和国境外的证券发行和交易活动，扰乱中华人民共和国境内市场秩序，损害境内投资者合法权益的，依照本法有关规定处理并追究法律责任。**	律、行政法规另有规定的，适用其规定。 证券衍生品种发行、交易的管理办法，由国务院依照本法的原则规定。	本条第二款没有变化。2005年《证券法》修改时，将政府债券、证券投资基金份额的上市交易纳入《证券法》的调整范围，但其发行与非上市交易适用其他相关法律法规的规定。 本条第三款将“证券衍生品种”修改为“资产支持证券、资产管理产品”，更加具体化，但范围更窄。目前，中国人民银行（通过中国银行间市场交易商协会）、中国银行保险监督管理委员会、中国证券监督管理委员会以及国家发展改革委都分别制定了资产支持计划（或资产支持票据、资产证券化）的管理办法，存在管理分割，规则不统一的情况。新法要求资产支持证券发行、交易的管理办法，由国务院依照本法的原则规定。资产管理产品已经由《关于规范金融机构资产管理业务的指导意见》予以初步规范，新法也要求资产管理产品发行、交易的管理办法，由国务院依照本法的原则规定。 本条第四款是新增条款，规定了证券法的域外效力。本条规定在中华人民共和国境外的证券发行和交易活动，扰乱中华人民共和国境内市场秩序，损害境内投资者合法权益的，依照本法有关规定处理并追究法律责任。今后，境外的首次代币发行（ICO）就有可能适用《证券法》进行处理并追究法律责任。 相关法律法规：《中华人民共和国证券投资基金法》（2015年4月24日修正）、《关于规范金融机构资产管理业务的指导意见》（银发〔2018〕106号）、《存托凭证发行与交易管理办法（试行）》（中国证券监督管理委员会令第143号）。

续表

2019年《证券法》	2014年《证券法》	适用精解
第三条 证券的发行、交易活动，必须**遵循**公开、公平、公正的原则。	**第三条** 证券的发行、交易活动，必须实行公开、公平、公正的原则。	**本条已修改。条文将“实行”修改为“遵循”，表意更准确。** 本条规定的是公开、公平、公正原则。 公开、公平、公正原则，简称“三公原则”，是证券法的前提性原则，它在证券法具体规则缺失的情况下，可以为证券法执法和司法提供指引。
第四条 证券发行、交易活动的当事人具有平等的法律地位，应当遵守自愿、有偿、诚实信用的原则。	**第四条** 证券发行、交易活动的当事人具有平等的法律地位，应当遵守自愿、有偿、诚实信用的原则。	本条未作修改。 本条规定的是平等、自愿、有偿、诚实信用的原则。 平等、自愿、有偿、诚实信用的原则是商事活动的基本原则，证券法也不例外。 **相关法律法规：《证券期货市场诚信监督管理办法》（中国证券监督管理委员会令第139号）。**
第五条 证券的发行、交易活动，必须遵守法律、行政法规；禁止欺诈、内幕交易和操纵证券市场的行为。	**第五条** 证券的发行、交易活动，必须遵守法律、行政法规；禁止欺诈、内幕交易和操纵证券市场的行为。	本条未作修改。 本条规定了两大基本原则：守法原则和反欺诈原则。
第六条 证券业和银行业、信托业、保险业实行分业经营、分业管理，证券公司与银行、信托、保险业务机构分别设立。国家另有规定的除外。	**第六条** 证券业和银行业、信托业、保险业实行分业经营、分业管理，证券公司与银行、信托、保险业务机构分别设立。国家另有规定的除外。	本条未作修改。 本条规定了分业经营、分业管理的原则。 这里的“国家另有规定”在具体适用时，除了全国人大及其常委会和国务院之外，还包括中国人民银行、中国银行保险监督管理委员会和中国证券监督管理委员会的规定。 **相关法律法规：《中华人民共和国银行业监督管理法》（2006年10月31日修正）、《中华人民共和国保险法》（2015年4月24日修正）。**

续表

2019年《证券法》	2014年《证券法》	适用精解
第七条 国务院证券监督管理机构依法对全国证券市场实行集中统一监督管理。 国务院证券监督管理机构根据需要可以设立派出机构，按照授权履行监督管理职责。	**第七条** 国务院证券监督管理机构依法对全国证券市场实行集中统一监督管理。 国务院证券监督管理机构根据需要可以设立派出机构，按照授权履行监督管理职责。	本条未作修改。 本条规定了国务院证券监督管理机构依法对全国证券市场实行集中统一监督管理的职权。中国证券监督管理委员会（以下简称中国证监会）于1998年在全国各省、自治区、直辖市、计划单列市（即深圳、大连、宁波、厦门、青岛）设立了36个派出机构，并对其实行垂直领导。各派出机构依法以自己的名义履行证券期货市场一线监管工作职责，并可对证券期货违法违规行为实施调查和作出行政处罚，防范和依法处置辖区市场风险，促进辖区资本市场稳定健康发展。 **相关法律法规：《中国证监会派出机构监管职责规定》（中华人民共和国保监会令2016年第1号）。**
	第八条 在国家对证券发行、交易活动实行集中统一监督管理的前提下，依法设立证券业协会，实行自律性管理。	2014年《证券法》第八条规定的证券业协会的自律性管理已在总则部分删除，因为证券市场的自律性管理机构除了中国证券业协会外，还有中国证券投资基金业协会等。
第八条 国家审计机关依法对证券交易场所、证券公司、证券登记结算机构、证券监督管理机构进行审计监督。	**第九条** 国家审计机关依法对证券交易所、证券公司、证券登记结算机构、证券监督管理机构进行审计监督。	**本条由2014年《证券法》第九条修改而来。** **本条规定的是审计监督。** **本条在内容上仅做了一处修改，即将“证券交易所”修改为“证券交易场所”，使审计监督的范围扩展至全国中小企业股份转让系统（俗称“新三板”）。** 相关法律法规：《中华人民共和国审计法》（2006年2月28日修正）。

续表

2019年《证券法》	2014年《证券法》	适用精解
第二章 证券发行	**第二章 证券发行**	
第九条 公开发行证券，必须符合法律、行政法规规定的条件，并依法报经国务院证券监督管理机构或者国务院授权的部门**注册**。未经依法**注册**，任何单位和个人不得公开发行证券。**证券发行注册制的具体范围、实施步骤，由国务院规定。** 有下列情形之一的，为公开发行： （一）向不特定对象发行证券； （二）向特定对象发行证券累计超过二百人，**但依法实施员工持股计划的员工人数不计算在内；** （三）法律、行政法规规定的其他发行行为。 非公开发行证券，不得采用广告、公开劝诱和变相公开方式。	**第十条** 公开发行证券，必须符合法律、行政法规规定的条件，并依法报经国务院证券监督管理机构或者国务院授权的部门核准；未经依法核准，任何单位和个人不得公开发行证券。 有下列情形之一的，为公开发行： （一）向不特定对象发行证券的； （二）向特定对象发行证券累计超过二百人的； （三）法律、行政法规规定的其他发行行为。 非公开发行证券，不得采用广告、公开劝诱和变相公开方式。	**本条由2014年《证券法》第十条修改而来。** **本条规定的是证券发行注册制。** **本条在内容上有以下变化：** **一是将证券发行核准制全部改成了证券发行注册制。但证券发行注册制的具体范围、实施步骤，由国务院规定。** **二是调整了公开发行的含义，将依法实施员工持股计划的员工人数不计算在向特定对象发行证券累计超过二百人的之内。** 本条第三款的内容没有变化，即“非公开发行证券，不得采用广告、公开劝诱和变相公开方式。” 根据本条规定，我国证券法上的公开发行，包括三种情形：（1）向不特定对象发行证券的；这里的“不特定对象”是指“不特定的社会公众”，即发行对象是不特定的，任何社会公众投资者均可认购。（2）向特定对象发行证券累计超过二百人的，依法实施员工持股计划的员工人数不计算在内；（3）法律、行政法规规定的其他发行行为。 本条还通过“公开发行”的界定还界定了“非公开发行”的含义。 **相关法律法规：《国务院办公厅关于严厉打击非法发行股票和非法经营证券业务有关问题的通知》**（国办发〔2006〕99号）。

续表

2019年《证券法》	2014年《证券法》	适用精解
第十条 发行人申请公开发行股票、可转换为股票的公司债券，依法采取承销方式的，或者公开发行法律、行政法规规定实行保荐制度的其他证券的，应当聘请**证券公司担任保荐人**。 保荐人应当遵守业务规则和行业规范，诚实守信，勤勉尽责，对发行人的申请文件和信息披露资料进行审慎核查，督导发行人规范运作。 **保荐人的管理办法**由国务院证券监督管理机构规定。	**第十一条** 发行人申请公开发行股票、可转换为股票的公司债券，依法采取承销方式的，或者公开发行法律、行政法规规定实行保荐制度的其他证券的，应当聘请具有保荐资格的机构担任保荐人。 保荐人应当遵守业务规则和行业规范，诚实守信，勤勉尽责，对发行人的申请文件和信息披露资料进行审慎核查，督导发行人规范运作。 保荐人的资格及其管理办法由国务院证券监督管理机构规定。	本条由2014年《证券法》第十一条修改而来。 本条规定的是保荐制度。 本条在内容上有微小变化： 一是将“应当聘请具有保荐资格的机构担任保荐人”修改为“应当聘请证券公司担任保荐人”，因为在实践中出现了专门的保荐承销公司，修改后的表述更严谨。 二是删除了保荐人的资格由国务院证券监督管理机构规定的规定，因为实践中已经将该职权下放给了中国证券业协会。但保荐人的管理办法仍由国务院证券监督管理机构规定。 需要指出的是，保荐人应当遵守的“法律渊源”，除了法律法规等正式法律渊源之外，还有“业务规则和行业规范”等“软法”、“非正式法律渊源”。 相关法律法规：《证券发行上市保荐业务管理办法》（中国证券监督管理委员会令第137号）。
第十一条 设立股份有限公司公开发行股票，应当符合《中华人民共和国公司法》规定的条件和经国务院批准的国务院证券监督管理机构规定的其他条件，向国务院证券监督管理机构报送募股申请和下列文件： （一）公司章程； （二）发起人协议； （三）发起人姓名或者名称，发起人认购	**第十二条** 设立股份有限公司公开发行股票，应当符合《中华人民共和国公司法》规定的条件和经国务院批准的国务院证券监督管理机构规定的其他条件，向国务院证券监督管理机构报送募股申请和下列文件： （一）公司章程； （二）发起人协议； （三）发起人姓名或者名称，发起人认购	本条由2014年《证券法》第十二条平移而来，在内容上未作修改。 本条规定的是募集设立股份有限公司。 相关法律法规：《中华人民共和国公司法》（2018年10月26日修正）。

续表

2019 年《证券法》	2014 年《证券法》	适用精解
的股份数、出资种类及验资证明； （四）招股说明书； （五）代收股款银行的名称及地址； （六）承销机构名称及有关的协议。 依照本法规定聘请保荐人的，还应当报送保荐人出具的发行保荐书。 法律、行政法规规定设立公司必须报经批准的，还应当提交相应的批准文件。	的股份数、出资种类及验资证明； （四）招股说明书； （五）代收股款银行的名称及地址； （六）承销机构名称及有关的协议。 依照本法规定聘请保荐人的，还应当报送保荐人出具的发行保荐书。 法律、行政法规规定设立公司必须报经批准的，还应当提交相应的批准文件。	
第十二条 公司**首次**公开发行新股，应当符合下列条件： （一）具备健全且运行良好的组织机构； （二）具有持续**经营**能力； **（三）最近三年财务会计报告被出具无保留意见审计报告；** **（四）发行人及其控股股东、实际控制人最近三年不存在贪污、贿赂、侵占财产、挪用财产或者破坏社会主义市场经济秩序的刑事犯罪；** （五）经国务院批准的国务院证券监督管理机构规定的其他条件。	**第十三条** 公司公开发行新股，应当符合下列条件： （一）具备健全且运行良好的组织机构； （二）具有持续盈利能力，财务状况良好； （三）最近三年财务会计文件无虚假记载，无其他重大违法行为； （四）经国务院批准的国务院证券监督管理机构规定的其他条件。	本条由2014年《证券法》第十三条修改而来。 本条规定的是首次公开发行新股的条件。 本条在内容上有以下变化： 一是将“公司公开发行新股”修改为“公司首次公开发行新股”（IPO），使表述更准确。2014年《证券法》第十三条原本规定的就是“公司首次公开发行新股”的条件。“公司公开发行新股”在实践中其实是指“上市公司公开发行新股”，即上市公司再融资，这已不是“首次公开发行”（简称）了，而是第二次甚至第三次、第四次公开发行了。 二是将发行条件由“具有持续盈利能力”修改为“具有持续经营能力”，并删除“财务状况良好”，以便使亏损的公司也能IPO并上市。 三是将“财务会计文件”修改为“财务会计报告”，将“无虚假记载”修改为“被出具无保留意见审计报告”，并删除“无其他重大违法行为”。

续表

2019 年《证券法》	2014 年《证券法》	适用精解
上市公司发行新股，应当符合经国务院批准的国务院证券监督管理机构规定的条件，具体管理办法由国务院证券监督管理机构规定。 **公开发行存托凭证的，应当符合首次公开发行新股的条件以及国务院证券监督管理机构规定的其他条件。**	上市公司非公开发行新股，应当符合经国务院批准的国务院证券监督管理机构规定的条件，并报国务院证券监督管理机构核准。	这就意味着，将来律师做 IPO 业务，或许不再需要论证发行人“财务会计文件无虚假记载”了，只需论证“最近三年财务会计报告被出具无保留意见审计报告”。 四是增加了对发行人及其控股股东、实际控制人在合法性方面的要求，要求他们最近三年不存在贪污、贿赂、侵占财产、挪用财产或者破坏社会主义市场经济秩序的刑事犯罪。 五是在第二款删除了“非公开”三个字，规定无论上市公司采取公开发行还是非公开发行，都应当符合经国务院批准的国务院证券监督管理机构规定的条件，并删除了“并报国务院证券监督管理机构核准”。“上市公司非公开发行新股”中的“非公开”其实仍属于“公开发行”，因为发行后会导致股东超过两百人。删除“并报国务院证券监督管理机构核准”是因为核准制已经被注册制所取代。 六是新增了公开发行存托凭证的规定，即“应当符合首次公开发行新股的条件以及国务院证券监督管理机构规定的其他条件。” 相关法律法规：《国务院办公厅转发证监会关于开展创新企业境内发行股票或存托凭证试点若干意见的通知》（国办发〔2018〕21 号）、《存托凭证发行与交易管理办法（试行）》（中国证券监督管理委员会令第 143 号）、《试点创新企业境内发行股票或存托凭证并上市监管工作实施办法》（中国证券监督管理委员会公告〔2018〕13 号）。

续表

2019年《证券法》	2014年《证券法》	适用精解
第十三条 公司公开发行新股，应当报送募股申请和下列文件： （一）公司营业执照； （二）公司章程； （三）股东大会决议； （四）招股说明书**或者其他公开发行募集文件**； （五）财务会计报告； （六）代收股款银行的名称及地址。 依照本法规定聘请保荐人的，还应当报送保荐人出具的发行保荐书。**依照本法规定实行承销的，还应当报送承销机构名称及有关的协议。**	**第十四条** 公司公开发行新股，应当向国务院证券监督管理机构报送募股申请和下列文件： （一）公司营业执照； （二）公司章程； （三）股东大会决议； （四）招股说明书； （五）财务会计报告； （六）代收股款银行的名称及地址； **（七）承销机构名称及有关的协议。** 依照本法规定聘请保荐人的，还应当报送保荐人出具的发行保荐书。	本条由2014年《证券法》第十四条修改而来。 本条规定的是公开发行新股应当报送的文件。 本条在内容上有以下变化： 一是将“应当向国务院证券监督管理机构报送募股申请和下列文件”修改为“应当报送募股申请和下列文件”，删除了“向国务院证券监督管理机构”以适应证券发行注册制的需要。在证券发行注册制下，应该向证券交易所报送。 二是在第一款第四项中新增了“或者其他公开发行募集文件”。 三是在第一款中删除了“（七）承销机构名称及有关的协议”，并在第二款中新增“依照本法规定实行承销的，还应当报送承销机构名称及有关的协议”。 注意，这里的“公司公开发行新股”除了IPO外，还包括上市公司再融资。
第十四条 公司对公开发行股票所募集资金，必须按照招股说明书**或者其他公开发行募集文件**所列资金用途使用；**改变资金用途**，必须经股东大会作出决议。擅自改变用途，未作纠正的，或者未经股东大会认可的，不得公开发行新股。	**第十五条** 公司对公开发行股票所募集资金，必须按照招股说明书所列资金用途使用。改变招股说明书所列资金用途，必须经股东大会作出决议。擅自改变用途而未作纠正的，或者未经股东大会认可的，不得公开发行新股。	本条由2014年《证券法》第十五条修改而来。 本条规定的是公开发行募集资金的用途。 本条在内容上有两处变化，一是在“招股说明书”之后增加“或者其他公开发行募集文件”。二是将“改变招股说明所列资金用途”改为了“改变资金用途”。

续表

2019年《证券法》	2014年《证券法》	适用精解
第十五条 公开发行公司债券，应当符合下列条件： **（一）具备健全且运行良好的组织机构；** （二）最近三年平均可分配利润足以支付公司债券一年的利息； （三）国务院规定的其他条件。	**第十六条** 公开发行公司债券，应当符合下列条件： （一）股份有限公司的净资产不低于人民币三千万元，有限责任公司的净资产不低于人民币六千万元； （二）累计债券余额不超过公司净资产的百分之四十； （三）最近三年平均可分配利润足以支付公司债券一年的利息； （四）筹集的资金投向符合国家产业政策； （五）债券的利率不超过国务院限定的利率水平； （六）国务院规定的其他条件。	本条由2014年《证券法》第十六条修改而来。 本条规定的是公开发行债券的条件。 本条在内容上有以下变化： 一是大大简化了公开发行公司债券的条件，新增“具备健全且运行良好的组织机构”，删除“股份有限公司的净资产不低于人民币三千万元，有限责任公司的净资产不低于人民币六千万元”“累计债券余额不超过公司净资产的百分之四十”“筹集的资金投向符合国家产业政策”“债券的利率不超过国务院限定的利率水平”四项条件。 二是在募集资金用途方面，删除“必须用于核准的用途”，修改为“必须按照公司债券募集办法所列资金用途使用”，并允许改变资金用途，但“必须经债券持有人会议作出决议”。债券持有人会议是本次证券法修订新增的内容。 三是新增第三款第二句：“但是，按照公司债券募集办法，上市公司通过收购本公司股份的方式进行公司债券转换的除外。”即上市公司通过收购本公司股份的方式进行公司债券转换的，可豁免遵守上市公司发行新股的条件。 第三款第一句在措辞上有调整，但内容上没有实质变化。本法第十二条第二款的规定：“上市公司发行新股，应当符合经国务院批准的国务院证券监督管理机构规定的条件，具体管理办法由国务院证券监督管理机构规定。”上市公司发行可转换为股票的公司债券，应符合这一规定。 **2018年10月26日，第十三届全国人大常委会第六次会议经表决通过**
公开发行公司债券筹集的资金，**必须按照公司债券募集办法所列资金用途使用；改变资金用途，必须经债券持有人会议作出决议。**公开发行公司债券筹集的资金，不得用于弥补亏损和非生产性支出。	公开发行公司债券筹集的资金，必须用于核准的用途，不得用于弥补亏损和非生产性支出。	
上市公司发行可转换为股票的公司债券，除应当符合第一款规定的条件外，还应当遵守**本法第十二条第二款的**规定。**但是，按照公司债券募集办法，上市公**	上市公司发行可转换为股票的公司债券，除应当符合第一款规定的条件外，还应当符合本法关于公开发行股票的条件，并报国务院证券监督管理机构核准。	

续表

2019年《证券法》	2014年《证券法》	适用精解
司通过收购本公司股份的方式进行公司债券转换的除外。		了《关于修改〈中华人民共和国公司法〉的决定》，新增了一种公司可以回购本公司股份的规定："将股份用于转换上市公司发行的可转换为股票的公司债券"。新增第三款第二句适应了这种新的回购方式。 相关法律法规：《中华人民共和国公司法》（2018年10月26日修正）、《公司债券发行与交易管理办法》（中国证券监督管理委员会令第113号）。
第十六条 申请公开发行公司债券，应当向国务院授权的部门或者国务院证券监督管理机构报送下列文件： （一）公司营业执照； （二）公司章程； （三）公司债券募集办法； （四）国务院授权的部门或者国务院证券监督管理机构规定的其他文件。 依照本法规定聘请保荐人的，还应当报送保荐人出具的发行保荐书。	**第十七条** 申请公开发行公司债券，应当向国务院授权的部门或者国务院证券监督管理机构报送下列文件： （一）公司营业执照； （二）公司章程； （三）公司债券募集办法； （四）资产评估报告和验资报告； （五）国务院授权的部门或者国务院证券监督管理机构规定的其他文件。 依照本法规定聘请保荐人的，还应当报送保荐人出具的发行保荐书。	本条由2014年《证券法》第十七条修改而来。 本条规定的是公开发行债券应当报送的文件。 本条仅修改一处，即删除了"资产评估报告和验资报告"。 在公司债券发行过程中，投资者看重的是信用评级报告，而不是资产评估报告和验资报告。删除"资产评估报告和验资报告"，符合公司债券发行的实际情况。 需要注意的是，本条中的"国务院授权的部门"实际上是指主管企业债券的国家发展改革委。

续表

2019年《证券法》	2014年《证券法》	适用精解
第十七条 有下列情形之一的，不得再次公开发行公司债券： （一）对已公开发行的公司债券或者其他债务有违约或者延迟支付本息的事实，仍处于继续状态； （二）违反本法规定，改变公开发行公司债券所募资金的用途。	**第十八条** 有下列情形之一的，不得再次公开发行公司债券： （一）前一次公开发行的公司债券尚未募足； （二）对已公开发行的公司债券或者其他债务有违约或者延迟支付本息的事实，仍处于继续状态； （三）违反本法规定，改变公开发行公司债券所募资金的用途。	本条由2014年《证券法》第十八条修改而来。 本条规定的是禁止再次公开发行债券的情形。 本条仅修改了一处，即删除了“（一）前一次公开发行的公司债券尚未募足”。 前一次公开发行公司债券是否募足，与后续公开发行没有关系。允许前一次公开发行公司债券尚未募足的公司再次公开发行公司债券，为企业融资扫除了不必要的障碍。
第十八条 发行人依法申请**公开**发行证券所报送的申请文件的格式、报送方式，由依法负责**注册**的机构或者部门规定。	**第十九条** 发行人依法申请核准发行证券所报送的申请文件的格式、报送方式，由依法负责核准的机构或者部门规定。	本条由2014年《证券法》第十九条修改而来。 本条规定的是公开发行证券所报送的文件的格式。 本条将原条文中的第一处“核准”改成了“公开”，第二处“核准”改成了“注册”，以适应注册制改革的需要。 需要注意的是，新法只规制公开发行证券所报送的申请文件，而对于非公开发行证券所报送的申请文件不予规制。
第十九条 发行人**报送的证券发行申请文件，应当充分披露投资者作出价值判断和投资决策所必需的信息，内容应当**真实、准确、完整。 为证券发行出具有关文件的证券服务机构和人员，必须严格履行法定职责，保证所出具文件的真实性、准确性和完整性。	**第二十条** 发行人向国务院证券监督管理机构或者国务院授权的部门报送的证券发行申请文件，必须真实、准确、完整。 为证券发行出具有关文件的证券服务机构和人员，必须严格履行法定职责，保证其所出具文件的真实性、准确性和完整性。	本条由2014年《证券法》第二十条修改而来。 本条规定的是信息披露的基本原则。 本条主要修改有两点： 一是适应证券发行注册制改革的需要，将原来报送的部门（“国务院证券监督管理机构或者国务院授权的部门”）予以删除，不再规定。这就意味着，无论向哪个部门报送，是国务院证券监督管理机构或者国务院授权的部门，抑或是证券交易场所，只要

续表

2019 年《证券法》	2014 年《证券法》	适用精解
		是“证券发行申请文件”，都必须遵守本条规定。 二是在对证券发行申请文件的要求上，新增“应当充分披露投资者作出价值判断和投资决策所必需的信息”。 三是将“必须”（真实、准确、完整）修改为“内容应当”（真实、准确、完整），以更好地承接上句。 第二款未作修改。
第二十条　发行人申请首次公开发行股票的，在提交申请文件后，应当按照国务院证券监督管理机构的规定预先披露有关申请文件。	**第二十一条**　发行人申请首次公开发行股票的，在提交申请文件后，应当按照国务院证券监督管理机构的规定预先披露有关申请文件。	本条由 2014 年《证券法》第二十一条平移而来，在内容上未作修改。 本条规定的是预先披露。
	第二十二条　国务院证券监督管理机构设发行审核委员会，依法审核股票发行申请。 发行审核委员会由国务院证券监督管理机构的专业人员和所聘请的该机构外的有关专家组成，以投票方式对股票发行申请进行表决，提出审核意见。 发行审核委员会的具体组成办法、组成人员任期、工作程序，由国务院证券监督管理机构规定。	2014 年《证券法》第二十二条已被删除。 核准制改革为注册制后，发行审核委员会制度即被废止。

续表

2019年《证券法》	2014年《证券法》	适用精解
第二十一条　国务院证券监督管理机构或者国务院授权的部门依照法定条件负责证券发行申请的注册。证券公开发行注册的具体办法由国务院规定。 **按照国务院的规定，证券交易所等可以审核公开发行证券申请，判断发行人是否符合发行条件、信息披露要求，督促发行人完善信息披露内容。** **依照前两款规定参与证券发行申请注册的人员，**不得与发行申请人有利害关系，不得直接或者间接接受发行申请人的馈赠，不得持有所**注册**的发行申请的**证券**，不得私下与发行申请人进行接触。	**第二十三条**　国务院证券监督管理机构依照法定条件负责核准股票发行申请。核准程序应当公开，依法接受监督。 参与审核和核准股票发行申请的人员，不得与发行申请人有利害关系，不得直接或者间接接受发行申请人的馈赠，不得持有所核准的发行申请的股票，不得私下与发行申请人进行接触。 国务院授权的部门对公司债券发行申请的核准，参照前两款的规定执行。	本条由2014年《证券法》第二十三条修改而来。 本条规定的是证券发行注册制下监管部门和交易所的分工。 按照证券发行注册制的需要，删除了原条文中核准制的内容。 第一款和第二款规定了证券发行注册的分工：一是注册部门是国务院证券监督管理机构或者国务院授权的部门。二是公开发行证券申请的审核部门可以是证券交易所等。 第一款第二句规定了证券公开发行注册的具体办法由国务院规定。这是一个立法授权。 第二款规定了公开发行证券申请的审核机构和审核要点。 第三款规定了参与证券发行申请注册的人员（包括注册部门和审核部门的人员）的四条禁止性要求：（1）不得与发行申请人有利害关系；（2）不得直接或者间接接受发行申请人的馈赠；（3）不得持有所注册的发行申请的证券；（4）不得私下与发行申请人进行接触。这四条禁止性要求也由原条文平移过来的。 需要注意的是，“按照国务院的规定，证券交易所等”中的“等”字意味深长。即国务院可以规定除证券交易所之外的机构（如全国股转系统）负责公开发行证券申请审核。
第二十二条　国务院证券监督管理机构或者国务院授权的部门应当自受理证券发行申请文件之日起三个月内，依照法定条件和法定程序作出予以**注册**或者不予**注册**的决定，发行人	**第二十四条**　国务院证券监督管理机构或者国务院授权的部门应当自受理证券发行申请文件之日起三个月内，依照法定条件和法定程序作出予以核准或者不予核准的决定，发行人	本条由2014年《证券法》第二十四条修改而来。 本条规定的是注册程序。 本条将原条文中的“核准”改成了“注册”。

续表

2019 年《证券法》	2014 年《证券法》	适用精解
根据要求补充、修改发行申请文件的时间不计算在内。不予**注册**的，应当说明理由。	根据要求补充、修改发行申请文件的时间不计算在内；不予核准的，应当说明理由。	相关法律法规：《中华人民共和国行政许可法》（2019 年 4 月 23 日修正）、《中国证券监督管理委员会行政许可实施程序规定》（中国证券监督管理委员会令第 138 号）。
第二十三条 证券发行申请经**注册**后，发行人应当依照法律、行政法规的规定，在证券公开发行前公告公开发行募集文件，并将该文件置备于指定场所供公众查阅。 发行证券的信息依法公开前，任何知情人不得公开或者泄露该信息。 发行人不得在公告公开发行募集文件前发行证券。	**第二十五条** 证券发行申请经核准，发行人应当依照法律、行政法规的规定，在证券公开发行前，公告公开发行募集文件，并将该文件置备于指定场所供公众查阅。 发行证券的信息依法公开前，任何知情人不得公开或者泄露该信息。 发行人不得在公告公开发行募集文件前发行证券。	本条由 2014 年《证券法》第二十五条修改而来。 本条规定的是公开发行募集文件的公告。 本条仅将原条文中的“核准”改成了“注册”。
第二十四条 国务院证券监督管理机构或者国务院授权的部门对已作出的证券发行**注册**的决定，发现不符合法定条件或者法定程序，尚未发行证券的，应当予以撤销，停止发行。已经发行尚未上市的，撤销发行**注册**决定，发行人应当按照发行价并加算银行同期存款利息返还证券持有人；**发行人的控股股东、实际控制人**以及保荐人，应当与发行人承担连带责任，但是能够证明自己没有过错的除外。	**第二十六条** 国务院证券监督管理机构或者国务院授权的部门对已作出的核准证券发行的决定，发现不符合法定条件或者法定程序，尚未发行证券的，应当予以撤销，停止发行。已经发行尚未上市的，撤销发行核准决定，发行人应当按照发行价并加算银行同期存款利息返还证券持有人；保荐人应当与发行人承担连带责任，但是能够证明自己没有过错的除外；发行人的控股股东、实际控制人有过错的，应	本条由 2014 年《证券法》第二十六条修改而来。 本条规定的是违法发行债券的法律后果。 本条有以下修改： 一是将原条文中的“核准”改成了“注册”。 二是将发行人的控股股东、实际控制人的连带责任的过错责任形式调整为过错推定责任，即发行人的控股股东、实际控制人要想免责，必须自己举证证明自己没有过错。 三是新增了责令回购证券制度，即“股票的发行人在招股说明书等证券发行文件中隐瞒重要事实或者编造重大虚假内容，已经发行并上市的，国务院证券监督管理机构可以责令发行人回购证券，或者责令负有责任的

续表

2019 年《证券法》	2014 年《证券法》	适用精解
股票的发行人在招股说明书等证券发行文件中隐瞒重要事实或者编造重大虚假内容，已经发行并上市的，国务院证券监督管理机构可以责令发行人回购证券，或者责令负有责任的控股股东、实际控制人买回证券。	当与发行人承担连带责任。	控股股东、实际控制人买回证券。”
第二十五条 股票依法发行后，发行人经营与收益的变化，由发行人自行负责；由此变化引致的投资风险，由投资者自行负责。	**第二十七条** 股票依法发行后，发行人经营与收益的变化，由发行人自行负责；由此变化引致的投资风险，由投资者自行负责。	本条由 2014 年《证券法》第二十七条平移而来，在内容上未作修改。 本条规定了投资者自负原则。
第二十六条 发行人向不特定对象发行的证券，法律、行政法规规定应当由证券公司承销的，发行人应当同证券公司签订承销协议。证券承销业务采取代销或者包销方式。 证券代销是指证券公司代发行人发售证券，在承销期结束时，将未售出的证券全部退还给发行人的承销方式。 证券包销是指证券公司将发行人的证券按照协议全部购入或者在承销期结束时将售后剩余证券全部自行购入的承销方式。	**第二十八条** 发行人向不特定对象发行的证券，法律、行政法规规定应当由证券公司承销的，发行人应当同证券公司签订承销协议。证券承销业务采取代销或者包销方式。 证券代销是指证券公司代发行人发售证券，在承销期结束时，将未售出的证券全部退还给发行人的承销方式。 证券包销是指证券公司将发行人的证券按照协议全部购入或者在承销期结束时将售后剩余证券全部自行购入的承销方式。	本条由 2014 年《证券法》第二十八条平移而来，在内容上未作修改。 本条规定的是证券承销。 **相关法律法规**：《证券发行与承销管理办法》（中国证券监督管理委员会令第 144 号）。

续表

2019年《证券法》	2014年《证券法》	适用精解
第二十七条 公开发行证券的发行人有权依法自主选择承销的证券公司。	**第二十九条** 公开发行证券的发行人有权依法自主选择承销的证券公司。证券公司不得以不正当竞争手段招揽证券承销业务。	本条由2014年《证券法》第二十九条修改而来， 本条规定的是发行人自主选择承销商。 本条删除了“证券公司不得以不正当竞争手段招揽证券承销业务。” 证券公司不得以不正当竞争手段招揽证券承销业务的相关规定调整到了新《证券法》第二十九条第二款第二项。
第二十八条 证券公司承销证券，应当同发行人签订代销或者包销协议，载明下列事项： （一）当事人的名称、住所及法定代表人姓名； （二）代销、包销证券的种类、数量、金额及发行价格； （三）代销、包销的期限及起止日期； （四）代销、包销的付款方式及日期； （五）代销、包销的费用和结算办法； （六）违约责任； （七）国务院证券监督管理机构规定的其他事项。	**第三十条** 证券公司承销证券，应当同发行人签订代销或者包销协议，载明下列事项： （一）当事人的名称、住所及法定代表人姓名； （二）代销、包销证券的种类、数量、金额及发行价格； （三）代销、包销的期限及起止日期； （四）代销、包销的付款方式及日期； （五）代销、包销的费用和结算办法； （六）违约责任； （七）国务院证券监督管理机构规定的其他事项。	本条由2014年《证券法》第三十条平移而来，在内容上未作修改。

续表

2019年《证券法》	2014年《证券法》	适用精解
第二十九条 证券公司承销证券，应当对公开发行募集文件的真实性、准确性、完整性进行核查。发现有虚假记载、误导性陈述或者重大遗漏的，不得进行销售活动；已经销售的，必须立即停止销售活动，并采取纠正措施。 **证券公司承销证券，不得有下列行为：** **（一）进行虚假的或者误导投资者的广告宣传或者其他宣传推介活动；** **（二）以不正当竞争手段招揽承销业务；** **（三）其他违反证券承销业务规定的行为。** **证券公司有前款所列行为，给其他证券承销机构或者投资者造成损失的，应当依法承担赔偿责任。**	**第三十一条** 证券公司承销证券，应当对公开发行募集文件的真实性、准确性、完整性进行核查；发现有虚假记载、误导性陈述或者重大遗漏的，不得进行销售活动；已经销售的，必须立即停止销售活动，并采取纠正措施。	**本条由2014年《证券法》第三十一条修改而来。** 本条规定的是证券承销。 本条第一款除修改了一处标点符号外，内容上未作修改。 第二款、第三款为新增条款。 第二款规定了证券公司承销证券过程中禁止的三项行为。其中第一项，禁止“进行虚假的或者误导投资者的广告宣传或者其他宣传推介活动”为新增内容。第二项内容由2014年《证券法》第二十九条第一款第二句平移而来。第三项为新增的兜底条款。 第三款规定了违法违规承销行为的民事法律责任。
第三十条 向不特定对象发行证券聘请承销团承销的，承销团应当由主承销和参与承销的证券公司组成。	**第三十二条** 向不特定对象发行的证券票面总值超过人民币五千万元的，应当由承销团承销。承销团应当由主承销和参与承销的证券公司组成。	**本条由2014年《证券法》第三十二条修改而来。** 本条规定的是承销团。 本条将强制承销团制度改为了由发行人自主选择是否采取承销团制度。因为在此前的实践中，证券票面总值超过人民币五千万元的公开发行非常常见，在股票发行供不应求的情况下，一家承销商即可完成承销任务，但2014年《证券法》却要求必须组成承销团，实则没有必要。在以前的实践中，为了符合合规的要求，承销商之

续表

2019 年《证券法》	2014 年《证券法》	适用精解
		间经常“串通”起来，主承销商会找另外一家承销商在虚假的承销协议上盖个章，但后者不了解发行人的情况，其实也不愿意承销。这种造假其实没有必要，是不科学的法律规定导致的。
第三十一条 证券的代销、包销期限最长不得超过九十日。 证券公司在代销、包销期内，对所代销、包销的证券应当保证先行出售给认购人，证券公司不得为本公司预留所代销的证券和预先购入并留存所包销的证券。	**第三十三条** 证券的代销、包销期限最长不得超过九十日。 证券公司在代销、包销期内，对所代销、包销的证券应当保证先行出售给认购人，证券公司不得为本公司预留所代销的证券和预先购入并留存所包销的证券。	本条由 2014 年《证券法》第三十三条平移而来，在内容上未作修改。 本条规定的是承销方式。
第三十二条 股票发行采取溢价发行的，其发行价格由发行人与承销的证券公司协商确定。	**第三十四条** 股票发行采取溢价发行的，其发行价格由发行人与承销的证券公司协商确定。	本条由 2014 年《证券法》第三十四条平移而来，在内容上未作修改。 本条规定的是发行价格。
第三十三条 股票发行采用代销方式，代销期限届满，向投资者出售的股票数量未达到拟公开发行股票数量百分之七十的，为发行失败。发行人应当按照发行价并加算银行同期存款利息返还股票认购人。	**第三十五条** 股票发行采用代销方式，代销期限届满，向投资者出售的股票数量未达到拟公开发行股票数量百分之七十的，为发行失败。发行人应当按照发行价并加算银行同期存款利息返还股票认购人。	本条由 2014 年《证券法》第三十五条平移而来，在内容上未作修改。 本条规定的是发行失败。
第三十四条 公开发行股票，代销、包销期限届满，发行人应当在规定的期限内将股票发行情况报国务院证券监督管理机构备案。	**第三十六条** 公开发行股票，代销、包销期限届满，发行人应当在规定的期限内将股票发行情况报国务院证券监督管理机构备案。	本条由 2014 年《证券法》第三十六条平移而来，在内容上未作修改。 本条规定的是股票发行情况备案。

续表

2019 年《证券法》	2014 年《证券法》	适用精解
第三章 证券交易	**第三章 证券交易**	
第一节 一般规定	**第一节 一般规定**	
第三十五条 证券交易当事人依法买卖的证券，必须是依法发行并交付的证券。 非依法发行的证券，不得买卖。	**第三十七条** 证券交易当事人依法买卖的证券，必须是依法发行并交付的证券。 非依法发行的证券，不得买卖。	本条由2014年《证券法》第三十七条平移而来，在内容上未作修改。 本条规定的是可交易的证券范围。
第三十六条 依法发行的**证券，《中华人民共和国公司法》和其他法律**对其转让期限有限制性规定的，在限定的期限内不得**转让**。 **上市公司持有百分之五以上股份的股东、实际控制人、董事、监事、高级管理人员，以及其他持有发行人首次公开发行前发行的股份或者上市公司向特定对象发行的股份的股东，转让其持有的本公司股份的，不得违反法律、行政法规和国务院证券监督管理机构关于持有期限、卖出时间、卖出数量、卖出方式、信息披露等规定，并应当遵守证券交易所的业务规则。**	**第三十八条** 依法发行的股票、公司债券及其他证券，法律对其转让期限有限制性规定的，在限定的期限内不得买卖。	本条由2014年《证券法》第三十八条修改而来。 本条规定的是证券限售。 主要有以下修改： 一是将“股票、公司债券及其他证券”修改为“证券”，以更简洁。 二是将“法律”修改为“《中华人民共和国公司法》和其他法律”。 三是将“买卖”改成了“转让”，但含义相同。 四是新增第二款，即上市公司持有百分之五以上股份的股东、实际控制人、董事、监事、高级管理人员，以及其他持有发行人首次公开发行前发行的股份或者上市公司向特定对象发行的股份的股东，转让其持有的本公司股份的，不得违反法律、行政法规和国务院证券监督管理机构关于持有期限、卖出时间、卖出数量、卖出方式、信息披露等规定，并应当遵守证券交易所的业务规则。这就意味着，证券交易所和国务院证券监督管理机构限制减持的合法性得到了法律的承认，它们可以以此来调控股市。

续表

2019年《证券法》	2014年《证券法》	适用精解
第三十七条 公开发行的**证券**，应当在依法设立的证券交易所上市交易或者在国务院批准的其他**全国性**证券交易场所**交易**。 **非公开发行的证券，可以在证券交易所、国务院批准的其他全国性证券交易场所、按照国务院规定设立的区域性股权市场转让。**	**第三十九条** 依法公开发行的股票、公司债券及其他证券，应当在依法设立的证券交易所上市交易或者在国务院批准的其他证券交易场所转让。	本条由2014年《证券法》第三十九条修改而来。 本条规定的是证券交易场所。 主要有以下修改： 一是将“股票、公司债券及其他证券”修改为“证券”，以更简洁。 二是将“国务院批准的其他证券交易场所”修改为“国务院批准的其他全国性证券交易场所”，增加“全国性”三个字。 三是将“转让”改成了“交易”。这是因为“国务院批准的其他全国性证券交易场所”实际上属于场内市场。 四是新增了第二款，即“非公开发行的证券，可以在证券交易所、国务院批准的其他全国性证券交易场所、按照国务院规定设立的区域性股权市场转让”。 相关法律法规：《国务院关于全国中小企业股份转让系统有关问题的决定》（国发〔2013〕49号）、《非上市公众公司监督管理办法》（中国证券监督管理委员会令第161号）。
第三十八条 证券在证券交易所上市交易，应当采用公开的集中交易方式或者国务院证券监督管理机构批准的其他方式。	**第四十条** 证券在证券交易所上市交易，应当采用公开的集中交易方式或者国务院证券监督管理机构批准的其他方式。	本条由2014年《证券法》第四十条平移而来，在内容上未作修改。 本条规定的是证券交易方式。
第三十九条 证券交易当事人买卖的证券可以采用纸面形式或者国务院证券监督管理机构规定的其他形式。	**第四十一条** 证券交易当事人买卖的证券可以采用纸面形式或者国务院证券监督管理机构规定的其他形式。	本条由2014年《证券法》第四十一条平移而来，在内容上未作修改。 本条规定的是证券形式。
	第四十二条 证券交易以现货和国务院规定的其他方式进行交易。	2014年《证券法》第四十二条已被删除。 目前已经允许融券交易，区分现货与融券已无必要。

续表

2019 年《证券法》	2014 年《证券法》	适用精解
第四十条 证券交易**场**所、证券公司和证券登记结算机构的从业人员，证券监督管理机构的工作人员以及法律、行政法规**规定**禁止参与股票交易的其他人员，在任期或者法定限期内，不得直接或者以化名、借他人名义持有、买卖股票**或者其他具有股权性质的证券**，也不得收受他人赠送的股票**或者其他具有股权性质的证券**。 任何人在成为前款所列人员时，其原已持有的股票或者**其他具有股权性质的证券**，必须依法转让。 **实施股权激励计划或者员工持股计划的证券公司的从业人员，可以按照国务院证券监督管理机构的规定持有、卖出本公司股票或者其他具有股权性质的证券。**	**第四十三条** 证券交易所、证券公司和证券登记结算机构的从业人员、证券监督管理机构的工作人员以及法律、行政法规禁止参与股票交易的其他人员，在任期或者法定限期内，不得直接或者以化名、借他人名义持有、买卖股票，也不得收受他人赠送的股票。 任何人在成为前款所列人员时，其原已持有的股票，必须依法转让。	本条由2014年《证券法》第四十三条修改而来。 本条规定的是禁止从事证券交易的人员。 主要有以下修改： 一是将禁止从业人员买卖的证券范围由“股票”扩展至“股票或者其他具有股权性质的证券”，以更周延。 二是将“证券交易所”扩展至“证券交易场所”。 三是新增第三款，为证券公司的从业人员享受本公司的股权激励计划或者员工持股计划留下法律空间。
第四十一条 证券交易**场**所、证券公司、证券登记结算机构、**证券服务机构及其工作人员应当**依法为**投资者的信息**保密，**不得非法买卖、提供或者公开投资者的信息。** **证券交易场所、证券公司、证券登记结算**	**第四十四条** 证券交易所、证券公司、证券登记结算机构必须依法为客户开立的账户保密。	本条由2014年《证券法》第四十四条修改而来。 本条规定的是为投资者的信息保密。 主要有以下修改： 一是将为客户账户保密升级为为投资者的信息保密，以适应大数据时代对个人信息进行法律保护的需要，并新增“不得非法买卖、提供或者公开投资者的信息”的规定。

续表

2019年《证券法》	2014年《证券法》	适用精解
机构、证券服务机构及其工作人员不得泄露所知悉的商业秘密。		二是将保密的主体范围扩大到证券服务机构及其工作人员。 三是将“必须”修改为“应当”，更加“法言法语”。 四是新增证券交易场所、证券公司、证券登记结算机构、证券服务机构及其工作人员不得泄露所知悉的商业秘密。
第四十二条 为**证券**发行出具**审计报告或者法律意见书**等文件的证券服务机构和人员，在该**证券**承销期内和期满后六个月内，不得买卖该**证券**。 除前款规定外，为**发行人及其控股股东、实际控制人，或者收购人、重大资产交易方**出具**审计报告或者法律意见书**等文件的证券服务机构和人员，自接受委托之日起至上述文件公开后五日内，不得买卖该**证券**。**实际开展上述有关工作之日早于接受委托之日的，自实际开展上述有关工作之日起至上述文件公开后五日内，不得买卖该证券。**	**第四十五条** 为股票发行出具审计报告、资产评估报告或者法律意见书等文件的证券服务机构和人员，在该股票承销期内和期满后六个月内，不得买卖该种股票。 除前款规定外，为上市公司出具审计报告、资产评估报告或者法律意见书等文件的证券服务机构和人员，自接受上市公司委托之日起至上述文件公开后五日内，不得买卖该种股票。	本条由2014年《证券法》第四十五条修改而来。 本条规定的是证券服务机构和人员买卖股票的限制。 主要有以下修改： 一是将“股票”修改为“证券”，扩大了证券服务机构和人员限制买卖的对象。 二是删除了“资产评估报告”，限缩了证券服务机构的范围。 三是审计报告或者法律意见书等文件的出具对象由“上市公司”扩展至“发行人及其控股股东、实际控制人，或者收购人、重大资产交易方”，对象得以扩大，规制范围更加周延。 四是在第二款中增加：“实际开展上述有关工作之日早于接受委托之日的，自实际开展上述有关工作之日起至上述文件公开后五日内，不得买卖该证券。”将限制买卖证券的时间提前到实际开展工作之日，使法律更周延、更科学。 值得关注的是，“审计报告或者法律意见书等文件”中的“等”如何解释？除审计报告和法律意见书外，还包括哪些文件？换言之，本条中的“证券服务机构”的范围为何？是否包括资产评估机构？这有待有权机构的进一步解释。

续表

2019 年《证券法》	2014 年《证券法》	适用精解
第四十三条 证券交易的收费必须合理，并公开收费项目、收费标准和**管理**办法。	**第四十六条** 证券交易的收费必须合理，并公开收费项目、收费标准和收费办法。 证券交易的收费项目、收费标准和管理办法由国务院有关主管部门统一规定。	本条由 2014 年《证券法》第四十六条修改而来。 本条规定的是证券交易收费。 删除了原条文中的第二款，将第一款中的“收费办法”改为了“管理办法”。 2019 年修订的中央定价目录将实行政府指导价、政府定价的商品和服务，从 13 个种（类）精简为 7 个种（类），具体定价项目从约 100 项减至 20 项。减少的项中，有的是合并的，有的是进一步放开的。此次新增放开的项目包括证券交易场所收费。 根据《价格法》，政府指导价、政府定价的定价权限和具体适用范围，以中央的和地方的定价目录为依据。中央定价目录由国务院价格主管部门制定、修订，报国务院批准后公布。 据此，证券交易的收费价格已属于市场定价，不再属于政府定价或政府指导价。基于此，新法删除了第二款。 相关法律法规：《中华人民共和国价格法》（1997 年 12 月 29 日公布）。
第四十四条 上市公司、**股票在国务院批准的其他全国性证券交易场所交易的公司**持有百分之五以上股份的股东、董事、监事、高级管理人员，将其持有的该公司的股票**或者其他具有股权性质的证券**在买入后六个月内卖出，或者在卖出后六个月内又买入，由此所得收益归该公司所有，公司董事会应当收回其所得收	**第四十七条** 上市公司董事、监事、高级管理人员、持有上市公司股份百分之五以上的股东，将其持有的该公司的股票在买入后六个月内卖出，或者在卖出后六个月内又买入，由此所得收益归该公司所有，公司董事会应当收回其所得收益。但是，证券公司因包销购入售后剩余股票而持有百分之五以上股份的，卖出	本条由 2014 年《证券法》第四十七条修改而来。 本条规定的是短线交易。 主要修改有： 一是将短线交易归入权涵盖的公司范围由上市公司扩展至上市公司和“新三板挂牌公司”（即股票在国务院批准的其他全国性证券交易场所交易的公司）。 二是将短线交易归入权涵盖的标的证券由“股票”扩展至“股票或者其他具有股权性质的证券”。 三是在短线交易归入权的豁免对象中新增“国务院证券监督管理机构

续表

2019年《证券法》	2014年《证券法》	适用精解
益。但是，证券公司因**购入包销**售后剩余股票而持有百分之五以上股份，**以及有国务院证券监督管理机构规定的其他情形的除外。** **前款所称董事、监事、高级管理人员、自然人股东持有的股票或者其他具有股权性质的证券，包括其配偶、父母、子女持有的及利用他人账户持有的股票或者其他具有股权性质的证券。** 公司董事会不按照第一款规定执行的，股东有权要求董事会在三十日内执行。公司董事会未在上述期限内执行的，股东有权为了公司的利益以自己的名义直接向人民法院提起诉讼。 公司董事会不按照第一款的规定执行的，负有责任的董事依法承担连带责任。	该股票不受六个月时间限制。 公司董事会不按照前款规定执行的，股东有权要求董事会在三十日内执行。公司董事会未在上述期限内执行的，股东有权为了公司的利益以自己的名义直接向人民法院提起诉讼。 公司董事会不按照第一款的规定执行的，负有责任的董事依法承担连带责任。	规定的其他情形”。例如，做市商如果持股5%以上，它不断地买进卖出，这是其义务之所在，其收益是不应收归公司的，应予以豁免。 四是调整了措辞，将“包销购入”修改为“购入包销”，但二者的含义其实是一样的。 五是新增第二款，将“董事、监事、高级管理人员、自然人股东持有的股票或者其他具有股权性质的证券”，扩展至“包括其配偶、父母、子女持有的及利用他人账户持有的股票或者其他具有股权性质的证券。”这体现了穿透性监管的原则。
第四十五条 通过计算机程序自动生成或者下达交易指令进行程序化交易的，应当符合国务院证券监督管理机构的规定，并向证券交易所报告，不得影响证券交易所系统安全或者正常交易秩序。		本条为新增条文，规定了程序化交易。 所谓程序化交易是指通过计算机程序自动生成或者下达交易指令进行的交易。它区别于人工作出交易决策和下单的交易。 程序化交易比人工交易更迅捷，所蕴含的风险更大。因此，有必要对此加以规制。

续表

2019年《证券法》	2014年《证券法》	适用精解
		本条规定程序化交易应当符合国务院证券监督管理机构的规定。因此，国务院证券监督管理机构将会出台程序化交易管理办法对程序化交易作出具体规定。 本条还规定程序化交易应当向证券交易所报告，以便证券交易所了解情况。 本条规定程序化交易不得影响证券交易所系统安全或者正常交易秩序。这是一条底线。
第二节　证券上市	**第二节　证券上市**	
第四十六条　申请证券上市交易，应当向证券交易所提出申请，由证券交易所依法审核同意，并由双方签订上市协议。 证券交易所根据国务院授权的部门的决定安排政府债券上市交易。	**第四十八条**　申请证券上市交易，应当向证券交易所提出申请，由证券交易所依法审核同意，并由双方签订上市协议。 证券交易所根据国务院授权的部门的决定安排政府债券上市交易。	本条由2014年《证券法》第四十八条平移而来，在内容上未作修改。 本条规定的是证券上市。 相关法律法规：《上海证券交易所股票上市规则》（上证发〔2019〕52号）、《上海证券交易所科创板股票上市规则》（上证发〔2019〕53号）、《深圳证券交易所股票上市规则》（深证上〔2019〕245号）、《深圳证券交易所创业板股票上市规则》（深证上〔2019〕245号）。
	第四十九条　申请股票、可转换为股票的公司债券或者法律、行政法规规定实行保荐制度的其他证券上市交易，应当聘请具有保荐资格的机构担任保荐人。 本法第十一条第二款、第三款的规定适用于上市保荐人。	2014年《证券法》第四十九条已被删除。

续表

2019年《证券法》	2014年《证券法》	适用精解
第四十七条 申请**证券**上市交易，应当符合证券交易所上市规则规定的上市条件。 **证券交易所上市规则规定的上市条件，应当对发行人的经营年限、财务状况、最低公开发行比例和公司治理、诚信记录等提出要求。**	**第五十条** 股份有限公司申请股票上市，应当符合下列条件： （一）股票经国务院证券监督管理机构核准已公开发行； （二）公司股本总额不少于人民币三千万元； （三）公开发行的股份达到公司股份总数的百分之二十五以上；公司股本总额超过人民币四亿元的，公开发行股份的比例为百分之十以上； （四）公司最近三年无重大违法行为，财务会计报告无虚假记载。 证券交易所可以规定高于前款规定的上市条件，并报国务院证券监督管理机构批准。	本条规定的是上市条件。由2014年《证券法》第五十条、第五十七条修改而来。本条修改幅度较大，重新制定了条文。 本条的主要修改有： 一是将“股票”上市的条件修改为“证券”上市的条件，以涵括原法第五十条规定的股票上市条件及原法第五十七条规定的债券上市条件。 二是《证券法》不再具体规定上市条件，而是规定由证券交易所具体规定。 但第二款同时规定了证券交易所上市规则规定的上市条件的基本要素：经营年限、财务状况、最低公开发行比例和公司治理、诚信记录等。
	第五十一条 国家鼓励符合产业政策并符合上市条件的公司股票上市交易。	2014年《证券法》第五十一条已被删除。
	第五十二条 申请股票上市交易，应当向证券交易所报送下列文件： （一）上市报告书； （二）申请股票上市的股东大会决议； （三）公司章程； （四）公司营业执照；	2014年《证券法》第五十二条已被删除，上市文件交由证券交易所上市规则予以规定。

续表

2019 年《证券法》	2014 年《证券法》	适用精解
	（五）依法经会计师事务所审计的公司最近三年的财务会计报告； （六）法律意见书和上市保荐书； （七）最近一次的招股说明书； （八）证券交易所上市规则规定的其他文件。	
	第五十三条 股票上市交易申请经证券交易所审核同意后，签订上市协议的公司应当在规定的期限内公告股票上市的有关文件，并将该文件置备于指定场所供公众查阅。	2014 年《证券法》第五十三条已被删除。
	第五十四条 签订上市协议的公司除公告前条规定的文件外，还应当公告下列事项： （一）股票获准在证券交易所交易的日期； （二）持有公司股份最多的前十名股东的名单和持股数额； （三）公司的实际控制人； （四）董事、监事、高级管理人员的姓名及其持有本公司股票和债券的情况。	2014 年《证券法》第五十四条已被删除。

续表

2019 年《证券法》	2014 年《证券法》	适用精解
	第五十五条 上市公司有下列情形之一的，由证券交易所决定暂停其股票上市交易： （一）公司股本总额、股权分布等发生变化不再具备上市条件； （二）公司不按照规定公开其财务状况，或者对财务会计报告作虚假记载，可能误导投资者； （三）公司有重大违法行为； （四）公司最近三年连续亏损； （五）证券交易所上市规则规定的其他情形。	2014 年《证券法》第五十五条已被删除，新法取消了股票暂停上市制度。 此前，上海证券交易所发布的科创板退市制度，已经取消了暂停上市和恢复上市。 实施证券发行注册制后，所有板块的上市公司都将实施严厉的退市制度，以畅通市场的出口，加快上市公司淘汰速度。
第四十八条 上市交易的证券，有证券交易所规定的终止上市情形的，由证券交易所按照业务规则终止其上市交易。 **证券交易所决定终止证券上市交易的，应当及时公告，并报国务院证券监督管理机构备案。**	**第五十六条** 上市公司有下列情形之一的，由证券交易所决定终止其股票上市交易： （一）公司股本总额、股权分布等发生变化不再具备上市条件，在证券交易所规定的期限内仍不能达到上市条件； （二）公司不按照规定公开其财务状况，或者对财务会计报告作虚假记载，且拒绝纠正； （三）公司最近三年连续亏损，在其后一个年度内未能恢复盈利； （四）公司解散或者被宣告破产；	本条由 2014 年《证券法》第五十六条、第六十一条修改而来。 本条规定的是退市制度。 修改后的 2019 年《证券法》第四十八条第一款将股票退市和债券退市的规则统一交由证券交易所规定，并肯定了证券交易所规则的合法地位。 第二款规定了终止证券上市交易的决定的公告和备案义务。

续表

2019 年《证券法》	2014 年《证券法》	适用精解
	（五）证券交易所上市规则规定的其他情形。	
	第五十七条 公司申请公司债券上市交易，应当符合下列条件： （一）公司债券的期限为一年以上； （二）公司债券实际发行额不少于人民币五千万元； （三）公司申请债券上市时仍符合法定的公司债券发行条件。	2014 年《证券法》第五十七条已被删除，公司债券上市交易的条件与股票上市条件统一规定在了 2019 年《证券法》第四十七条。
	第五十八条 申请公司债券上市交易，应当向证券交易所报送下列文件： （一）上市报告书； （二）申请公司债券上市的董事会决议； （三）公司章程； （四）公司营业执照； （五）公司债券募集办法； （六）公司债券的实际发行数额； （七）证券交易所上市规则规定的其他文件。 申请可转换为股票的公司债券上市交易，还应当报送保荐人出具的上市保荐书。	2014 年《证券法》第五十八条已被删除。公司债券上市交易需要报送的文件交由证券交易所上市规则予以规定。

续表

2019 年《证券法》	2014 年《证券法》	适用精解
	第五十九条 公司债券上市交易申请经证券交易所审核同意后，签订上市协议的公司应当在规定的期限内公告公司债券上市文件及有关文件，并将其申请文件置备于指定场所供公众查阅。	2014 年《证券法》第五十九条已被删除。
	第六十条 公司债券上市交易后，公司有下列情形之一的，由证券交易所决定暂停其公司债券上市交易： （一）公司有重大违法行为； （二）公司情况发生重大变化不符合公司债券上市条件； （三）发行公司债券所募集的资金不按照核准的用途使用； （四）未按照公司债券募集办法履行义务； （五）公司最近二年连续亏损。	2014 年《证券法》第六十条已被删除。取消了暂停公司债券上市制度。
	第六十一条 公司有前条第（一）项、第（四）项所列情形之一经查实后果严重的，或者有前条第（二）项、第（三）项、第（五）项所列情形之一，在限期内未能消除的，由证券交易所决定终止其公司债券上市交易。 公司解散或者被宣告破产的，由证券交易所	2014 年《证券法》第六十一条已被删除，终止公司债券上市交易的事项与终止股票上市交易的事项统一由 2019 年《证券法》第四十八条予以规定。

续表

2019年《证券法》	2014年《证券法》	适用精解
	所终止其公司债券上市交易。	
第四十九条 对证券交易所作出的不予上市交易、终止上市交易决定不服的，可以向证券交易所设立的复核机构申请复核。	**第六十二条** 对证券交易所作出的不予上市、暂停上市、终止上市决定不服的，可以向证券交易所设立的复核机构申请复核。	本条由2014年《证券法》第六十二条修改而来。 本条规定了不予上市、退市的救济程序——可以申请复核。 **本条删除了原条文中的暂停上市。**
	第三节 持续信息公开	原法的本节已删除，调整为第五章“信息披露”。
第三节 禁止的交易行为	**第四节 禁止的交易行为**	
第五十条 禁止证券交易内幕信息的知情人和非法获取内幕信息的人利用内幕信息从事证券交易活动。	**第七十三条** 禁止证券交易内幕信息的知情人和非法获取内幕信息的人利用内幕信息从事证券交易活动。	本条由2014年《证券法》第七十三条平移而来，在内容上未作修改。 本条规定的是内幕交易的原则性规定。 相关法律法规：《最高人民法院、最高人民检察院、公安部、中国证监会关于办理证券期货违法犯罪案件工作若干问题的意见》（证监发〔2011〕30号）、《最高人民法院、最高人民检察院关于办理内幕交易、泄露内幕信息刑事案件具体应用法律若干问题的解释》（法释〔2012〕6号）。
第五十一条 证券交易内幕信息的知情人包括： （一）发行人**及其**董事、监事、高级管理人员； （二）持有公司百分之五以上股份的股东及其董事、监事、高级管理人员，公司的实际控制人及其董事、监事、高级管理人员；	**第七十四条** 证券交易内幕信息的知情人包括： （一）发行人的董事、监事、高级管理人员； （二）持有公司百分之五以上股份的股东及其董事、监事、高级管理人员，公司的实际控制人及其董事、监事、高级管理人员；	**本条由2014年《证券法》第七十四条修改而来。** **本条规定的是内幕信息知情人的范围。** **主要变化是：** **一是明确了发行人本身也可以成为内幕消息的知情人，从而可能构成内幕交易。** **二是将“发行人控股的公司”修改为“发行人控股或者实际控制的公司”，使得法律的规定更周延。**

续表

2019年《证券法》	2014年《证券法》	适用精解
（三）发行人控股**或者实际控制**的公司及其董事、监事、高级管理人员； （四）由于所任公司职务**或者因与公司业务往来**可以获取公司有关内幕信息的人员； **（五）上市公司收购人或者重大资产交易方及其控股股东、实际控制人、董事、监事和高级管理人员；** **（六）因职务、工作可以获取内幕信息的证券交易场所、证券公司、证券登记结算机构、证券服务机构的有关人员；** **（七）因职责、工作可以获取内幕信息的证券监督管理机构工作人员；** **（八）因法定职责对证券的发行、交易或者对上市公司及其收购、重大资产交易进行管理可以获取内幕信息的有关主管部门、监管机构的工作人员；** （九）国务院证券监督管理机构规定的**可以获取内幕信息的**其他人员。	（三）发行人控股的公司及其董事、监事、高级管理人员； （四）由于所任公司职务可以获取公司有关内幕信息的人员； （五）证券监督管理机构工作人员以及由于法定职责对证券的发行、交易进行管理的其他人员； （六）保荐人、承销的证券公司、证券交易所、证券登记结算机构、证券服务机构的有关人员； （七）国务院证券监督管理机构规定的其他人。	三是将"由于所任公司职务可以获取公司有关内幕信息的人员"修改为"由于所任公司职务或者因与公司业务往来可以获取公司有关内幕信息的人员"。增加了"因与公司业务往来可以获取公司有关内幕信息的人员"。 四是增加了上市公司收购人或者重大资产交易方及其控股股东、实际控制人、董事、监事和高级管理人员。公司并购重组是内幕交易的高发区，这一新增规定有利于打击公司并购重组中的内幕交易。 五是将原法条第六项中的"保荐人、承销的证券公司、证券交易所、证券登记结算机构、证券服务机构的有关人员"修改为"因职务、工作可以获取内幕信息的证券交易场所、证券公司、证券登记结算机构、证券服务机构的有关人员"，表述更加准确。 六是将原法条第五项中的"证券监督管理机构工作人员以及由于法定职责对证券的发行、交易进行管理的其他人员"修改为"因职责、工作可以获取内幕信息的证券监督管理机构工作人员"，表述也更加准确了。 七是新增"因法定职责对证券的发行、交易或者对上市公司及其收购、重大资产交易进行管理可以获取内幕信息的有关主管部门、监管机构的工作人员"。 八是将"国务院证券监督管理机构规定的其他人"修改为"国务院证券监督管理机构规定的可以获取内幕信息的其他人员"，表述更准确。

续表

2019 年《证券法》	2014 年《证券法》	适用精解
第五十二条 证券交易活动中，涉及**发行人**的经营、财务或者对该**发行人**证券的市场价格有重大影响的尚未公开的信息，为内幕信息。 **本法第八十条第二款、第八十一条第二款所列重大事件属于内幕信息。**	**第七十五条** 证券交易活动中，涉及公司的经营、财务或者对该公司证券的市场价格有重大影响的尚未公开的信息，为内幕信息。 下列信息皆属内幕信息： （一）本法第六十七条第二款所列重大事件； （二）公司分配股利或者增资的计划； （三）公司股权结构的重大变化； （四）公司债务担保的重大变更； （五）公司营业用主要资产的抵押、出售或者报废一次超过该资产的百分之三十； （六）公司的董事、监事、高级管理人员的行为可能依法承担重大损害赔偿责任； （七）上市公司收购的有关方案； （八）国务院证券监督管理机构认定的对证券交易价格有显著影响的其他重要信息。	本条由2014年《证券法》第七十五条修改而来。 本条规定的是内幕信息的范围。 主要变化是： 一是将“公司”改为“发行人”以更准确。 二是将原法条第二款所列举的八种内幕信息修改为一个转介条款“本法第八十条第二款、第八十一条第二款所列重大事件属于内幕信息”。 本法第八十条第二款规定的重大事件是： （一）公司的经营方针和经营范围的重大变化； （二）公司的重大投资行为，公司在一年内购买、出售重大资产超过公司资产总额百分之三十，或者公司营业用主要资产的抵押、质押、出售或者报废一次超过该资产的百分之三十； （三）公司订立重要合同、提供重大担保或者从事关联交易，可能对公司的资产、负债、权益和经营成果产生重要影响； （四）公司发生重大债务和未能清偿到期重大债务的违约情况； （五）公司发生重大亏损或者重大损失； （六）公司生产经营的外部条件发生的重大变化； （七）公司的董事、三分之一以上监事或者经理发生变动，董事长或者经理无法履行职责； （八）持有公司百分之五以上股份的股东或者实际控制人持有股份或者控制公司的情况发生较大变化，公司的实际控制人及其控制的其他企业从事与公司相同或者相似业务的情况发生较大变化；

续表

2019 年《证券法》	2014 年《证券法》	适用精解
		（九）公司分配股利、增资的计划，公司股权结构的重要变化，公司减资、合并、分立、解散及申请破产的决定，或者依法进入破产程序、被责令关闭； （十）涉及公司的重大诉讼、仲裁，股东大会、董事会决议被依法撤销或者宣告无效； （十一）公司涉嫌犯罪被依法立案调查，公司的控股股东、实际控制人、董事、监事、高级管理人员涉嫌犯罪被依法采取强制措施； （十二）国务院证券监督管理机构规定的其他事项。 本法第八十一条第二款所列重大事件是： （一）公司股权结构或者生产经营状况发生重大变化； （二）公司债券信用评级发生变化； （三）公司重大资产抵押、质押、出售、转让、报废； （四）公司发生未能清偿到期债务的情况； （五）公司新增借款或者对外提供担保超过上年末净资产的百分之二十； （六）公司放弃债权或者财产超过上年末净资产的百分之十； （七）公司发生超过上年末净资产百分之十的重大损失； （八）公司分配股利，作出减资、合并、分立、解散及申请破产的决定，或者依法进入破产程序、被责令关闭； （九）涉及公司的重大诉讼、仲裁； （十）公司涉嫌犯罪被依法立案调查，公司的控股股东、实际控制人、董事、监事、高级管理人员涉嫌犯罪被依法采取强制措施； （十一）国务院证券监督管理机构规定的其他事项。

续表

2019 年《证券法》	2014 年《证券法》	适用精解
第五十三条 证券交易内幕信息的知情人和非法获取内幕信息的人，在内幕信息公开前，不得买卖该公司的证券，或者泄露该信息，或者建议他人买卖该证券。 持有或者通过协议、其他安排与他人共同持有公司百分之五以上股份的自然人、法人、非法人组织收购上市公司的股份，本法另有规定的，适用其规定。 内幕交易行为给投资者造成损失的，应当依法承担赔偿责任。	**第七十六条** 证券交易内幕信息的知情人和非法获取内幕信息的人，在内幕信息公开前，不得买卖该公司的证券，或者泄露该信息，或者建议他人买卖该证券。 持有或者通过协议、其他安排与他人共同持有公司百分之五以上股份的自然人、法人、其他组织收购上市公司的股份，本法另有规定的，适用其规定。 内幕交易行为给投资者造成损失的，行为人应当依法承担赔偿责任。	本条由2014年《证券法》第七十六条平移而来，在内容上未作修改。 本条规定的是内幕交易的形式及内幕交易的民事责任。 相关法律法规：《中国证券监督管理委员会证券市场内幕交易行为认定指引（试行）》（证监稽查字〔2007〕1号）、《最高人民法院关于审理证券行政处罚案件证据若干问题的座谈会纪要》（法〔2011〕225号）。
第五十四条 禁止证券交易场所、证券公司、证券登记结算机构、证券服务机构和其他金融机构的从业人员、有关监管部门或者行业协会的工作人员，利用因职务便利获取的内幕信息以外的其他未公开的信息，违反规定，从事与该信息相关的证券交易活动，或者明示、暗示他人从事相关交易活动。 **利用未公开信息进行交易给投资者造成损失的，应当依法承担赔偿责任。**		本条为新增条文。 本条禁止了利用未公开信息从事证券交易。 未公开信息是内幕信息以外的其他未公开信息。未公开信息与内幕信息的区别在于内幕消息是迟早会公开的，而未公开信息是永远不必公开的。 《刑法修正案（七）》已经规定了“利用未公开信息交易罪”，参见最高人民法院发布的指导案例61号：马乐利用未公开信息交易案。 这里再在《证券法》层面上规定禁止利用未公开信息从事证券交易，并规定其行政责任和民事责任，有利于完善法律责任体系，避免只运用刑事责任而造成打击过重。 本条第二款规定的是利用未公开信息进行交易的民事责任。

续表

2019 年《证券法》	2014 年《证券法》	适用精解
		值得注意的是，本违法行为的违法主体是特定主体，即证券交易场所、证券公司、证券登记结算机构、证券服务机构和其他金融机构的从业人员、有关监管部门或者行业协会的工作人员。 相关法律法规：《中华人民共和国刑法》（2017 年 11 月 4 日修正）、《最高人民法院、最高人民检察院关于办理利用未公开信息交易刑事案件适用法律若干问题的解释》（法释〔2019〕10 号）。
第五十五条 禁止任何人以下列手段操纵证券市场，**影响或者意图影响证券交易价格或者证券交易量**： （一）单独或者通过合谋，集中资金优势、持股优势或者利用信息优势联合或者连续买卖； （二）与他人串通，以事先约定的时间、价格和方式相互进行证券交易； （三）在自己实际控制的账户之间进行证券交易； **（四）不以成交为目的，频繁或者大量申报并撤销申报；** **（五）利用虚假或者不确定的重大信息，诱导投资者进行证券交易；**	**第七十七条** 禁止任何人以下列手段操纵证券市场： （一）单独或者通过合谋，集中资金优势、持股优势或者利用信息优势联合或者连续买卖，操纵证券交易价格或者证券交易量； （二）与他人串通，以事先约定的时间、价格和方式相互进行证券交易，影响证券交易价格或者证券交易量； （三）在自己实际控制的账户之间进行证券交易，影响证券交易价格或者证券交易量； （四）以其他手段操纵证券市场。 操纵证券市场行为给投资者造成损失的，行为人应当依法承担赔偿责任。	本条规定的是禁止操纵证券市场，本条由 2014 年《证券法》第七十七条修改而来。主要修改有： 一是将“影响或者意图影响证券交易价格或者证券交易量”调整到了前面，并增加了“意图影响”。 二是根据执法实践，将以下常见的操纵行为进行了明确的列举： ——虚假申报操纵：不以成交为目的，频繁或者大量申报并撤销申报； ——信息型操纵：利用虚假或者不确定的重大信息，诱导投资者进行证券交易； ——“抢帽子”操纵：对证券、发行人公开作出评价、预测或者投资建议，并进行反向证券交易； ——跨市场操纵：利用在其他相关市场的活动操纵证券市场。 三是将“以其他手段操纵证券市场”修改为“操纵证券市场的其他手段”。 相关法律法规：《中国证券监督管理委员会证券市场操纵行为认定指引（试行）》（证监稽查字〔2007〕1 号）。

续表

2019 年《证券法》	2014 年《证券法》	适用精解
（六）对证券、发行人公开作出评价、预测或者投资建议，并进行反向证券交易； **（七）利用在其他相关市场的活动操纵证券市场；** **（八）操纵证券市场的其他手段。** 操纵证券市场行为给投资者造成损失的，应当依法承担赔偿责任。		
第五十六条 禁止**任何单位和个人**编造、传播虚假信息或者误导性信息，扰乱证券市场。 禁止证券交易场所、证券公司、证券登记结算机构、证券服务机构及其从业人员，证券业协会、证券监督管理机构及其工作人员，在证券交易活动中作出虚假陈述或者信息误导。 各种传播媒介传播证券市场信息必须真实、客观，禁止误导。**传播媒介及其从事证券市场信息报道的工作人员不得从事与其工作职责发生利益冲突的证券买卖。** **编造、传播虚假信息或者误导性信息，扰乱证券市场，给投资者造成损失的，应当依法承担赔偿责任。**	**第七十八条** 禁止国家工作人员、传播媒介从业人员和有关人员编造、传播虚假信息，扰乱证券市场。 禁止证券交易所、证券公司、证券登记结算机构、证券服务机构及其从业人员，证券业协会、证券监督管理机构及其工作人员，在证券交易活动中作出虚假陈述或者信息误导。 各种传播媒介传播证券市场信息必须真实、客观，禁止误导。	本条由2014年《证券法》第七十八条修改而来。 本条规定的是禁止编造、传播虚假信息扰乱证券市场。 主要修改有： 一是扩大了义务人范围，原法条仅禁止“国家工作人员、传播媒介从业人员和有关人员”编造、传播虚假信息，扰乱证券市场，新法条则禁止“任何单位和个人”编造、传播虚假信息，扰乱证券市场。 二是在第三款增加：“传播媒介及其从事证券市场信息报道的工作人员不得从事与其工作职责发生利益冲突的证券买卖。” 三是增加规定了民事责任，即编造、传播虚假信息或者误导性信息，扰乱证券市场，给投资者造成损失的，应当依法承担赔偿责任。

续表

2019年《证券法》	2014年《证券法》	适用精解
第五十七条 禁止证券公司及其从业人员从事下列损害客户利益的行为： （一）违背客户的委托为其买卖证券； （二）不在规定时间内向客户提供交易的确认文件； （三）未经客户的委托，擅自为客户买卖证券，或者假借客户的名义买卖证券； （四）为牟取佣金收入，诱使客户进行不必要的证券买卖； （五）其他违背客户真实意思表示，损害客户利益的行为。 **违反前款规定**给客户造成损失的，应当依法承担赔偿责任。	**第七十九条** 禁止证券公司及其从业人员从事下列损害客户利益的欺诈行为： （一）违背客户的委托为其买卖证券； （二）不在规定时间内向客户提供交易的书面确认文件； （三）挪用客户所委托买卖的证券或者客户账户上的资金； （四）未经客户的委托，擅自为客户买卖证券，或者假借客户的名义买卖证券； （五）为牟取佣金收入，诱使客户进行不必要的证券买卖； （六）利用传播媒介或者通过其他方式提供、传播虚假或者误导投资者的信息； （七）其他违背客户真实意思表示，损害客户利益的行为。 欺诈客户行为给客户造成损失的，行为人应当依法承担赔偿责任。	本条由2014年《证券法》第七十九条修改而来。 本条规定的是证券公司及其从业人员禁止的行为。 本条主要修改有： 一是本条不再使用“欺诈客户”的说法，删除了原条文中的“欺诈”二字，在措辞上有所调整。 二是删除了禁止“挪用客户所委托买卖的证券或者客户账户上的资金”。因为我国已经通过商业银行资金托管的方式一次性地、永久地解决了历史上普遍存在的证券公司挪用客户资金的问题。 三是将禁止“利用传播媒介或者通过其他方式提供、传播虚假或者误导投资者的信息”从本条中删除，整合到了新《证券法》第五十六条。
第五十八条 **任何单位和个人不得违反规定，**出借自己的证券账户或者借用他人的证券账户从事证券交易。	**第八十条** 禁止法人非法利用他人账户从事证券交易；禁止法人出借自己或者他人的证券账户。	本条由2014年《证券法》第八十条修改而来。 本条规定的是禁止出借证券账户。 原法条只禁止法人非法利用他人账户从事证券交易和出借自己或者他人的证券账户，而新法条则扩大了禁止范围，禁止任何单位和个人违反规定，出借自己的证券账户或者借用他人的证券账户从事证券交易。这一新规定有利于打击场外配资行为。

续表

2019 年《证券法》	2014 年《证券法》	适用精解
第五十九条 依法拓宽资金入市渠道，禁止资金违规流入股市。 **禁止投资者违规利用财政资金、银行信贷资金买卖证券。**	**第八十一条** 依法拓宽资金入市渠道，禁止资金违规流入股市。 **第八十二条** 禁止任何人挪用公款买卖证券。	本条由2014年《证券法》第八十一条、第八十二条修改而来。 本条规定的是禁止违规资金入市。 第一款没有变化，第二款从2014年《证券法》第八十二条修改而来，并将“公款”修改为“财政资金”以更加“法言法语”。 第二款“禁止投资者违规利用财政资金、银行信贷资金买卖证券”进一步细化了第一款中的“禁止资金违规流入股市”。
第六十条 **国有独资企业、国有独资公司、国有资本控股公司**买卖上市交易的股票，必须遵守国家有关规定。	**第八十三条** 国有企业和国有资产控股的企业买卖上市交易的股票，必须遵守国家有关规定。	本条由2014年《证券法》第八十三条修改而来。 本条规定的是国企买卖股票。 本条将“国有企业和国有资产控股的企业”修改为“国有独资企业、国有独资公司、国有资本控股公司”，更清晰地界定了义务主体。 这就意味着，非国有资本控股的混合所有制企业买卖上市交易的股票，不受本条调整、规制。
第六十一条 证券交易场所、证券公司、证券登记结算机构、证券服务机构及其从业人员对证券交易中发现的禁止的交易行为，应当及时向证券监督管理机构报告。	**第八十四条** 证券交易所、证券公司、证券登记结算机构、证券服务机构及其从业人员对证券交易中发现的禁止的交易行为，应当及时向证券监督管理机构报告。	本条由2014年《证券法》第八十四条平移而来，在内容上未作修改。 本条规定的是违规交易的报告义务。

续表

2019年《证券法》	2014年《证券法》	适用精解
第四章　上市公司的收购	**第四章　上市公司的收购**	
第六十二条　投资者可以采取要约收购、协议收购及其他合法方式收购上市公司。	**第八十五条**　投资者可以采取要约收购、协议收购及其他合法方式收购上市公司。	本条由2014年《证券法》第八十五条平移而来，在内容上未作修改。 本条规定的是收购方式。收购方式有三种：要约收购、协议收购及其他合法方式。 相关法律法规：《上市公司收购管理办法》（中国证券监督管理委员会令第108号）。
第六十三条　通过证券交易所的证券交易，投资者持有或者通过协议、其他安排与他人共同持有一个上市公司已发行的**有表决权**股份达到百分之五时，应当在该事实发生之日起三日内，向国务院证券监督管理机构、证券交易所作出书面报告，通知该上市公司，并予公告，在上述期限内不得再行买卖该上市公司的股票，**但国务院证券监督管理机构规定的情形除外。** 投资者持有或者通过协议、其他安排与他人共同持有一个上市公司已发行的**有表决权**股份达到百分之五后，其所持该上市公司已发行的**有表决权**股份比例每增加或者减少百分之五，应当依照前款规定进行报告和公告，**在该事实发生之日起至公告**	**第八十六条**　通过证券交易所的证券交易，投资者持有或者通过协议、其他安排与他人共同持有一个上市公司已发行的股份达到百分之五时，应当在该事实发生之日起三日内，向国务院证券监督管理机构、证券交易所作出书面报告，通知该上市公司，并予公告；在上述期限内，不得再行买卖该上市公司的股票。 投资者持有或者通过协议、其他安排与他人共同持有一个上市公司已发行的股份达到百分之五后，其所持该上市公司已发行的股份比例每增加或者减少百分之五，应当依照前款规定进行报告和公告。在报告期限内和作出报告、公告后二日内，不	**本条由2014年《证券法》第八十六条修改而来。** **本条规定的是权益披露规则及慢走规则。** **主要修改有：** **一是将“股份”修改为“有表决权股份”。随着实践的发展，现实中已经出现了无表决权股份。例如，《国务院关于开展优先股试点的指导意见》规定：“除以下情况外，优先股股东不出席股东大会会议，所持股份没有表决权：（1）修改公司章程中与优先股相关的内容；（2）一次或累计减少公司注册资本超过百分之十；（3）公司合并、分立、解散或变更公司形式；（4）发行优先股；（5）公司章程规定的其他情形。”上市公司收购过程中对“举牌”行为的规制，主要针对的是有表决权股份。收购无表决权股份对于上市公司的控制权没有影响，没有必要规制。** **二是为报告、通知、公告期内禁止收购人继续买卖股票预留豁免空间，具体由国务院证券监督管理机构规定。** **三是将持有一个上市公司已发行的有表决权股份达到百分之五后，其所持该上市公司已发行的有表决权股份比例每增加或者减少百分之五，收**

续表

2019 年《证券法》	2014 年《证券法》	适用精解
后三日内，不得再行买卖该上市公司的股票，**但国务院证券监督管理机构规定的情形除外。**	得再行买卖该上市公司的股票。	购人不得继续买卖该上市公司股票的时间从以前的“在报告期限内和作出报告、公告后二日内”修改为“在该事实发生之日起至公告后三日内”，即延长了一日。
投资者持有或者通过协议、其他安排与他人共同持有一个上市公司已发行的有表决权股份达到百分之五后，其所持该上市公司已发行的有表决权股份比例每增加或者减少百分之一，应当在该事实发生的次日通知该上市公司，并予公告。		四是增加了第三款，即“投资者持有或者通过协议、其他安排与他人共同持有一个上市公司已发行的有表决权股份达到百分之五后，其所持该上市公司已发行的有表决权股份比例每增加或者减少百分之一，应当在该事实发生的次日通知该上市公司，并予公告。”但不限制买卖，这也增加了收购的成本和难度。
违反第一款、第二款规定买入上市公司有表决权的股份的，在买入后的三十六个月内，对该超过规定比例部分的股份不得行使表决权。		五是增加规定了违规增持股份部分表决权的限制规则，即第四款：“违反第一款、第二款规定买入上市公司有表决权的股份的，在买入后的三十六个月内，对该超过规定比例部分的股份不得行使表决权。” 相关法律法规：《国务院关于开展优先股试点的指导意见》（国发〔2013〕46 号）、《优先股试点管理办法》（中国证券监督管理委员会令第 97 号）。
第六十四条 依照前条规定所作的公告，应当包括下列内容： （一）持股人的名称、住所； （二）持有的股票的名称、数额； （三）持股达到法定比例或者持股增减变化达到法定比例的日	**第八十七条** 依照前条规定所作的书面报告和公告，应当包括下列内容： （一）持股人的名称、住所； （二）持有的股票的名称、数额； （三）持股达到法定比例或者持股增减变化达到法定比例的日期。	本条由 2014 年《证券法》第八十七条修改而来。 本条主要规定权益披露的内容。 主要修改有： 一是不再规定书面报告的内容。 二是增加规定，要求增持股份的资金来源需要公告。 三是增加规定，要求公告在上市公司中拥有有表决权的股份变动的时间及方式。

续表

2019年《证券法》	2014年《证券法》	适用精解
期、增持股份的资金来源； **（四）在上市公司中拥有有表决权的股份变动的时间及方式。**		
第六十五条 通过证券交易所的证券交易，投资者持有或者通过协议、其他安排与他人共同持有一个上市公司已发行的有表决权股份达到百分之三十时，继续进行收购的，应当依法向该上市公司所有股东发出收购上市公司全部或者部分股份的要约。 收购上市公司部分股份的要约应当约定，被收购公司股东承诺出售的股份数额超过预定收购的股份数额的，收购人按比例进行收购。	**第八十八条** 通过证券交易所的证券交易，投资者持有或者通过协议、其他安排与他人共同持有一个上市公司已发行的股份达到百分之三十时，继续进行收购的，应当依法向该上市公司所有股东发出收购上市公司全部或者部分股份的要约。 收购上市公司部分股份的收购要约应当约定，被收购公司股东承诺出售的股份数额超过预定收购的股份数额的，收购人按比例进行收购。	本条由2014年《证券法》第八十八条平移而来，在内容上未作修改。 本条规定的是收购要约。
第六十六条 依照前条规定发出收购要约，收购人必须公告上市公司收购报告书，并载明下列事项： （一）收购人的名称、住所； （二）收购人关于收购的决定； （三）被收购的上市公司名称； （四）收购目的； （五）收购股份的详细名称和预定收购的	**第八十九条** 依照前条规定发出收购要约，收购人必须公告上市公司收购报告书，并载明下列事项： （一）收购人的名称、住所； （二）收购人关于收购的决定； （三）被收购的上市公司名称； （四）收购目的； （五）收购股份的详细名称和预定收购的	本条由2014年《证券法》第八十九条平移而来，在内容上未作修改。 本条规定的是收购报告书。

续表

2019年《证券法》	2014年《证券法》	适用精解
股份数额； （六）收购期限、收购价格； （七）收购所需资金额及资金保证； （八）公告上市公司收购报告书时持有被收购公司股份数占该公司已发行的股份总数的比例。	股份数额； （六）收购期限、收购价格； （七）收购所需资金额及资金保证； （八）公告上市公司收购报告书时持有被收购公司股份数占该公司已发行的股份总数的比例。	
第六十七条 收购要约约定的收购期限不得少于三十日，并不得超过六十日。	**第九十条** 收购要约约定的收购期限不得少于三十日，并不得超过六十日。	本条由2014年《证券法》第九十条平移而来，在内容上未作修改。 本条规定的是要约收购的收购期限。
第六十八条 在收购要约确定的承诺期限内，收购人不得撤销其收购要约。收购人需要变更收购要约的，应当及时公告，载明具体变更事项，**且不得存在下列情形：** **（一）降低收购价格；** **（二）减少预定收购股份数额；** **（三）缩短收购期限；** **（四）国务院证券监督管理机构规定的其他情形。**	**第九十一条** 在收购要约确定的承诺期限内，收购人不得撤销其收购要约。收购人需要变更收购要约的，必须及时公告，载明具体变更事项。	**本条由2014年《证券法》第九十一条修改而来。** **本条规定了收购要约的不可撤销性。** **新法条增加了收购人变更收购要约不得损害受要约人权益的四项要求：（1）禁止降低收购价格；（2）禁止减少预定收购股份数额；（3）禁止缩短收购期限；（4）不得有国务院证券监督管理机构禁止的其他情形。**

续表

2019 年《证券法》	2014 年《证券法》	适用精解
第六十九条 收购要约提出的各项收购条件，适用于被收购公司的所有股东。 **上市公司发行不同种类股份的，收购人可以针对不同种类股份提出不同的收购条件。**	**第九十二条** 收购要约提出的各项收购条件，适用于被收购公司的所有股东。	**本条由 2014 年《证券法》第九十二条修改而来。** **本条规定了收购条件的普遍适用性。** **第一款没有变化，适用于普通股股东。** **第二款为新增条款，以适应上市公司发行类别股的需要。本款规定，上市公司发行不同种类股份的，收购人可以针对不同种类股份提出不同的收购条件。**
第七十条 采取要约收购方式的，收购人在收购期限内，不得卖出被收购公司的股票，也不得采取要约规定以外的形式和超出要约的条件买入被收购公司的股票。	**第九十三条** 采取要约收购方式的，收购人在收购期限内，不得卖出被收购公司的股票，也不得采取要约规定以外的形式和超出要约的条件买入被收购公司的股票。	本条由 2014 年《证券法》第九十三条平移而来，在内容上未作修改。 本条规定的是要约收购中的禁止行为。
第七十一条 采取协议收购方式的，收购人可以依照法律、行政法规的规定同被收购公司的股东以协议方式进行股份转让。 以协议方式收购上市公司时，达成协议后，收购人必须在三日内将该收购协议向国务院证券监督管理机构及证券交易所作出书面报告，并予公告。 在公告前不得履行收购协议。	**第九十四条** 采取协议收购方式的，收购人可以依照法律、行政法规的规定同被收购公司的股东以协议方式进行股份转让。 以协议方式收购上市公司时，达成协议后，收购人必须在三日内将该收购协议向国务院证券监督管理机构及证券交易所作出书面报告，并予公告。 在公告前不得履行收购协议。	本条由 2014 年《证券法》第九十四条平移而来，在内容上未作修改。 本条规定的是协议收购。

续表

2019 年《证券法》	2014 年《证券法》	适用精解
第七十二条 采取协议收购方式的，协议双方可以临时委托证券登记结算机构保管协议转让的股票，并将资金存放于指定的银行。	**第九十五条** 采取协议收购方式的，协议双方可以临时委托证券登记结算机构保管协议转让的股票，并将资金存放于指定的银行。	本条由 2014 年《证券法》第九十五条平移而来，在内容上未作修改。 本条规定的是股票与资金的保管。
第七十三条 采取协议收购方式的，收购人收购或者通过协议、其他安排与他人共同收购一个上市公司已发行的有表决权股份达到百分之三十时，继续进行收购的，应当依法向该上市公司所有股东发出收购上市公司全部或者部分股份的要约。但是，按照国务院证券监督管理机构的规定免除发出要约的除外。 收购人依照前款规定以要约方式收购上市公司股份，应当遵守本法**第六十五条第二款、第六十六条至第七十条**的规定。	**第九十六条** 采取协议收购方式的，收购人收购或者通过协议、其他安排与他人共同收购一个上市公司已发行的股份达到百分之三十时，继续进行收购的，应当向该上市公司所有股东发出收购上市公司全部或者部分股份的要约。但是，经国务院证券监督管理机构免除发出要约的除外。 收购人依照前款规定以要约方式收购上市公司股份，应当遵守本法第八十九条至第九十三条的规定。	本条由 2014 年《证券法》第九十六条修改而来。 本条规定的是要约收购。 本条在内容上基本保持不变，只是修改了所涉条文的序号，但是需要注意：2019 年《证券法》第六十五条第二款（“收购上市公司部分股份的要约应当约定，被收购公司股东承诺出售的股份数额超过预定收购的股份数额的，收购人按比例进行收购”，对应于原法条第八十八条第二款）在新法的本条款中得到了重申。
第七十四条 收购期限届满，被收购公司股权分布不符合**证券交易所规定的**上市交易要求的，该上市公司的股票应当由证券交易所依法终止上市交易；其余仍持有被收购公司股票的股东，有权向收购人以收购要约的同等条件出售其股票，收购人应当收购。	**第九十七条** 收购期限届满，被收购公司股权分布不符合上市条件的，该上市公司的股票应当由证券交易所依法终止上市交易；其余仍持有被收购公司股票的股东，有权向收购人以收购要约的同等条件出售其股票，收购人应当收购。	本条由 2014 年《证券法》第九十七条修改而来，仅作文字上的调整。 本条规定的是退市与余股强制出售权。

续表

2019 年《证券法》	2014 年《证券法》	适用精解
收购行为完成后，被收购公司不再具备股份有限公司条件的，应当依法变更企业形式。	收购行为完成后，被收购公司不再具备股份有限公司条件的，应当依法变更企业形式。	
第七十五条 在上市公司收购中，收购人持有的被收购的上市公司的股票，在收购行为完成后的**十八**个月内不得转让。	**第九十八条** 在上市公司收购中，收购人持有的被收购的上市公司的股票，在收购行为完成后的十二个月内不得转让。	本条由2014年《证券法》第九十八条修改而来。 本条规定的是收购人的股票禁售期，**将收购人的股票禁售期由12个月延长至18个月。**
第七十六条 收购行为完成后，收购人与被收购公司合并，并将该公司解散的，被解散公司的原有股票由收购人依法更换。 收购行为完成后，收购人应当在十五日内将收购情况报告国务院证券监督管理机构和证券交易所，并予公告。	**第九十九条** 收购行为完成后，收购人与被收购公司合并，并将该公司解散的，被解散公司的原有股票由收购人依法更换。 **第一百条** 收购行为完成后，收购人应当在十五日内将收购情况报告国务院证券监督管理机构和证券交易所，并予公告。	本条由2014年《证券法》第九十九条、第一百条合并而来。两条并一条，但内容上没有变化。 第一款规定的是换股。 第二款规定的是收购情况报告与公告。
第七十七条 国务院证券监督管理机构依照本法制定上市公司收购的具体办法。 **上市公司分立或者被其他公司合并，应当向国务院证券监督管理机构报告，并予公告。**	**第一百零一条** 收购上市公司中由国家授权投资的机构持有的股份，应当按照国务院的规定，经有关主管部门批准。 国务院证券监督管理机构应当依照本法的原则制定上市公司收购的具体办法。	**本条由2014年《证券法》第一百零一条修改而来。** **删除了原条文中"收购上市公司中由国家授权投资的机构持有的股份，应当按照国务院的规定，经有关主管部门批准"的规定。** **将原条文中的第二款变成第一款。并增加规定："上市公司分立或者被其他公司合并，应当向国务院证券监督管理机构报告，并予公告。"**

续表

2019年《证券法》	2014年《证券法》	适用精解
第五章　信息披露		将原法第三章第三节“持续信息公开”升格为独立一章。
第七十八条　**发行人及法律、行政法规和国务院证券监督管理机构规定的其他信息披露义务人，应当及时依法履行信息披露义务。** **信息披露义务人披露的信息，应当**真实、准确、完整，**简明清晰，通俗易懂，**不得有虚假记载、误导性陈述或者重大遗漏。 **证券同时在境内境外公开发行、交易的，其信息披露义务人在境外披露的信息，应当在境内同时披露。**	**第六十三条**　发行人、上市公司依法披露的信息，必须真实、准确、完整，不得有虚假记载、误导性陈述或者重大遗漏。	本条由2014年《证券法》第六十三条修改而来。 本条规定的是信息披露的基本原则。 主要修改有： 一是扩展了信息披露义务人，即发行人及法律、行政法规和国务院证券监督管理机构规定的其他信息披露义务人，而不再仅限于发行人、上市公司。 二是在信息披露的基本原则方面，增加了简明性原则，要求披露的信息应当“简明清晰，通俗易懂”。 三是增加境内外两地同时上市的上市公司的信息披露原则——同时披露原则，即要求证券同时在境内境外公开发行、交易的，其信息披露义务人在境外披露的信息，应当在境内同时披露。
	第六十四条　经国务院证券监督管理机构核准依法公开发行股票，或者经国务院授权的部门核准依法公开发行公司债券，应当公告招股说明书、公司债券募集办法。依法公开发行新股或者公司债券的，还应当公告财务会计报告。	2014年《证券法》第六十四条已被删除。

续表

2019 年《证券法》	2014 年《证券法》	适用精解
第七十九条　上市公司、公司债券上市交易的公司、股票在国务院批准的其他全国性证券交易场所交易的公司，应当按照国务院证券监督管理机构和证券交易场所规定的内容和格式编制定期报告，并按照以下规定报送和公告： **（一）在每一会计年度结束之日起四个月内，报送并公告年度报告，其中的年度财务会计报告应当经符合本法规定的会计师事务所审计；** **（二）在每一会计年度的上半年结束之日起二个月内，报送并公告中期报告。**	**第六十五条**　上市公司和公司债券上市交易的公司，应当在每一会计年度的上半年结束之日起二个月内，向国务院证券监督管理机构和证券交易所报送记载以下内容的中期报告，并予公告： （一）公司财务会计报告和经营情况； （二）涉及公司的重大诉讼事项； （三）已发行的股票、公司债券变动情况； （四）提交股东大会审议的重要事项； （五）国务院证券监督管理机构规定的其他事项。 **第六十六条**　上市公司和公司债券上市交易的公司，应当在每一会计年度结束之日起四个月内，向国务院证券监督管理机构和证券交易所报送记载以下内容的年度报告，并予公告： （一）公司概况； （二）公司财务会计报告和经营情况； （三）董事、监事、高级管理人员简介及其持股情况； （四）已发行的股票、公司债券情况，包	本条由2014年《证券法》第六十五条、第六十六条修改、合并而来。 本条规定的是定期报告的披露。 主要变化有： 一是将披露定期报告的主体扩展至上市公司、公司债券上市交易的公司、股票在国务院批准的其他全国性证券交易场所交易的公司这三大类。新增“股票在国务院批准的其他全国性证券交易场所交易的公司”。 二是明确规定了年度财务会计报告应当经符合本法规定的会计师事务所审计，而不强制要求中期财务报告中的财务会计报告必须经符合本法规定的会计师事务所审计。 三是删除了年度报告、中期报告的必备内容。这些内容应由证券监督管理部门的规章或证券交易场所的业务规则具体规定。 相关法律法规：《上市公司信息披露管理办法》（中国证券监督管理委员会令第40号）。

续表

2019 年《证券法》	2014 年《证券法》	适用精解
	括持有公司股份最多的前十名股东的名单和持股数额； （五）公司的实际控制人； （六）国务院证券监督管理机构规定的其他事项。	
第八十条 发生可能对上市公司、**股票在国务院批准的其他全国性证券交易场所交易的公司的股票**交易价格产生较大影响的重大事件，投资者尚未得知时，**公司**应当立即将有关该重大事件的情况向国务院证券监督管理机构和证券交易场所报送临时报告，并予公告，说明事件的起因、目前的状态和可能产生的法律后果。 **前款所称重大事件包括：** （一）公司的经营方针和经营范围的重大变化； （二）公司的重大投资行为，**公司在一年内购买、出售重大资产超过公司资产总额百分之三十，或者公司营业用主要资产的抵押、质押、出售或者报废一次超过该资产的百分之三十**； （三）公司订立重	**第六十七条** 发生可能对上市公司股票交易价格产生较大影响的重大事件，投资者尚未得知时，上市公司应当立即将有关该重大事件的情况向国务院证券监督管理机构和证券交易所报送临时报告，并予公告，说明事件的起因、目前的状态和可能产生的法律后果。 下列情况为前款所称重大事件： （一）公司的经营方针和经营范围的重大变化； （二）公司的重大投资行为和重大的购置财产的决定； （三）公司订立重要合同，可能对公司的资产、负债、权益和经营成果产生重要影响；	本条由2014年《证券法》第六十七条修改而来。 本条规定的是临时信息披露。 主要变化有： 一是与新增信息披露义务人相一致，在第一款中增加了"股票在国务院批准的其他全国性证券交易场所交易的公司"。 二是在重大事件方面有新规定： ——将"重大的购置财产的决定"修改、具体化为"公司在一年内购买、出售重大资产超过公司资产总额百分之三十，或者公司营业用主要资产的抵押、质押、出售或者报废一次超过该资产的百分之三十"。 ——增加规定公司"提供重大担保或者从事关联交易"，可能对公司的资产、负债、权益和经营成果产生重要影响的为重大事件。 ——增加规定"董事长或者经理无法履行职责"为重大事件。 ——增加规定"公司的实际控制人及其控制的其他企业从事与公司相同或者相似业务的情况发生较大变化"为重大事件。 ——增加规定"公司分配股利、增资的计划，公司股权结构的重要变化"为重大事件。 ——增加规定公司依法进入破产程序、被责令关闭为重大事件。

续表

2019 年《证券法》	2014 年《证券法》	适用精解
要合同、**提供重大担保或者从事关联交易**，可能对公司的资产、负债、权益和经营成果产生重要影响； （四）公司发生重大债务和未能清偿到期重大债务的违约情况； （五）公司发生重大亏损或者重大损失； （六）公司生产经营的外部条件发生的重大变化； （七）公司的董事、三分之一以上监事或者经理发生变动，**董事长或者经理无法履行职责**； （八）持有公司百分之五以上股份的股东或者实际控制人持有股份或者控制公司的情况发生较大变化，**公司的实际控制人及其控制的其他企业从事与公司相同或者相似业务的情况发生较大变化**； **（九）公司分配股利、增资的计划，公司股权结构的重要变化**，公司减资、合并、分立、解散及申请破产的决定，**或者依法进入破产程序、被责令关闭**； （十）涉及公司的重大诉讼、仲裁，股东大会、董事会决议被依法撤销或者宣告无效；	（四）公司发生重大债务和未能清偿到期重大债务的违约情况； （五）公司发生重大亏损或者重大损失； （六）公司生产经营的外部条件发生的重大变化； （七）公司的董事、三分之一以上监事或者经理发生变动； （八）持有公司百分之五以上股份的股东或者实际控制人，其持有股份或者控制公司的情况发生较大变化； （九）公司减资、合并、分立、解散及申请破产的决定； （十）涉及公司的重大诉讼，股东大会、董事会决议被依法撤销或者宣告无效；	——增加规定公司的控股股东、实际控制人涉嫌犯罪被依法采取强制措施为重大事件。

续表

2019 年《证券法》	2014 年《证券法》	适用精解
（十一）公司涉嫌犯罪被依法立案调查，公司的**控股股东、实际控制人、**董事、监事、高级管理人员涉嫌犯罪被依法采取强制措施； （十二）国务院证券监督管理机构规定的其他事项。 **公司的控股股东或者实际控制人对重大事件的发生、进展产生较大影响的，应当及时将其知悉的有关情况书面告知公司，并配合公司履行信息披露义务。**	（十一）公司涉嫌犯罪被司法机关立案调查，公司董事、监事、高级管理人员涉嫌犯罪被司法机关采取强制措施； （十二）国务院证券监督管理机构规定的其他事项。	
第八十一条　发生可能对上市交易公司债券的交易价格产生较大影响的重大事件，投资者尚未得知时，公司应当立即将有关该重大事件的情况向国务院证券监督管理机构和证券交易场所报送临时报告，并予公告，说明事件的起因、目前的状态和可能产生的法律后果。 **前款所称重大事件包括：** **（一）公司股权结构或者生产经营状况发生重大变化；** **（二）公司债券信用评级发生变化；** **（三）公司重大资产抵押、质押、出售、转让、报废；**		本条为新增条文。 本条规定了对上市交易公司债券的交易价格产生较大影响的重大事件。

续表

2019 年《证券法》	2014 年《证券法》	适用精解
（四）公司发生未能清偿到期债务的情况； **（五）公司新增借款或者对外提供担保超过上年末净资产的百分之二十；** **（六）公司放弃债权或者财产超过上年末净资产的百分之十；** **（七）公司发生超过上年末净资产百分之十的重大损失；** **（八）公司分配股利，作出减资、合并、分立、解散及申请破产的决定，或者依法进入破产程序、被责令关闭；** **（九）涉及公司的重大诉讼、仲裁；** **（十）公司涉嫌犯罪被依法立案调查，公司的控股股东、实际控制人、董事、监事、高级管理人员涉嫌犯罪被依法采取强制措施；** **（十一）国务院证券监督管理机构规定的其他事项。**		
第八十二条 发行人的董事、高级管理人员应当对**证券发行文件**和定期报告签署书面确认意见。 **发行人**的监事会应当对董事会编制的**证券发行文件和**定期报告进	**第六十八条** 上市公司董事、高级管理人员应当对公司定期报告签署书面确认意见。 上市公司监事会应当对董事会编制的公司定期报告进行审核并提出书面审核意见。	本条由2014年《证券法》第六十八条修改而来。 本条规定的是"董监高"对信息披露的责任。 主要变化有： 一是将"上市公司"改为"发行人"，包括股票发行人和公司债券发行人。

续表

2019年《证券法》	2014年《证券法》	适用精解
行审核并提出书面审核意见。**监事应当签署书面确认意见。** **发行人的**董事、监事和高级管理人员应当保证**发行人及时、公平地披露信息，**所披露的信息真实、准确、完整。 **董事、监事和高级管理人员无法保证证券发行文件和定期报告内容的真实性、准确性、完整性或者有异议的，应当在书面确认意见中发表意见并陈述理由，发行人应当披露。发行人不予披露的，董事、监事和高级管理人员可以直接申请披露。**	上市公司董事、监事、高级管理人员应当保证上市公司所披露的信息真实、准确、完整。	二是“董监高”签署书面意见的对象不仅限于定期报告，还包括“证券发行文件”。 三是明确规定了监事应当对董事会编制的证券发行文件和定期报告签署书面确认意见。 四是新增发行人的董事、监事和高级管理人员应当保证“发行人及时、公平地披露信息”。 五是新增异议董监高的义务和权利，即董事、监事和高级管理人员无法保证证券发行文件和定期报告内容的真实性、准确性、完整性或者有异议的，应当在书面确认意见中发表意见并陈述理由，发行人应当披露。发行人不予披露的，董事、监事和高级管理人员可以直接申请披露。
第八十三条　信息披露义务人披露的信息应当同时向所有投资者披露，不得提前向任何单位和个人泄露。但是，法律、行政法规另有规定的除外。 **任何单位和个人不得非法要求信息披露义务人提供依法需要披露但尚未披露的信息。任何单位和个人提前获知的前述信息，在依法披露前应当保密。**		本条为新增条文。 本条规定了公平信息披露制度，即信息披露义务人披露的信息应当同时向所有投资者披露，不得提前向任何单位和个人泄露。 当然，信息在披露前的保密是有限度的，不能对抗法律、行政法规的另外规定。即在法律、行政法规另有规定时，可以要求信息披露义务人向其提前披露信息。 但任何单位和个人不得非法要求信息披露义务人提供依法需要披露但尚未披露的信息。任何单位和个人要求信息披露义务人提供依法需要披露但尚未披露的信息的，需要明确的法律或行政法规的依据。 无论是合法提前获取的需要披露但尚未披露的信息，还是非法提前获取的需要披露但尚未披露的信息，在依法披露前均应当保密。

续表

2019 年《证券法》	2014 年《证券法》	适用精解
第八十四条　除依法需要披露的信息之外，信息披露义务人可以自愿披露与投资者作出价值判断和投资决策有关的信息，但不得与依法披露的信息相冲突，不得误导投资者。 **发行人及其控股股东、实际控制人、董事、监事、高级管理人员等作出公开承诺的，应当披露。不履行承诺给投资者造成损失的，应当依法承担赔偿责任。**		本条为新增条文。 第一款规定了自愿信息披露原则。但自愿披露的信息不得与依法披露的信息相冲突，不得误导投资者。 第二款规定了公开承诺的披露义务和不履行承诺的民事责任。
第八十五条　**信息披露义务人未按照规定披露信息，或者公告的证券发行文件**、定期报告、临时报告及其他信息披露资料存在虚假记载、误导性陈述或者重大遗漏，致使投资者在证券交易中遭受损失的，**信息披露义务人**应当承担赔偿责任；**发行人的控股股东、实际控制人**、董事、监事、高级管理人员和其他直接责任人员以及保荐人、承销的证券公司**及其直接责任人员**，应当与发行人承担连带赔偿责任，但是能够证明自己没有过错的除外。	**第六十九条**　发行人、上市公司公告的招股说明书、公司债券募集办法、财务会计报告、上市报告文件、年度报告、中期报告、临时报告以及其他信息披露资料，有虚假记载、误导性陈述或者重大遗漏，致使投资者在证券交易中遭受损失的，发行人、上市公司应当承担赔偿责任；发行人、上市公司的董事、监事、高级管理人员和其他直接责任人员以及保荐人、承销的证券公司，应当与发行人、上市公司承担连带赔偿责任，但是能够证明自己没有过错的除外；发行	本条由 2014 年《证券法》第六十九条修改而来。 本条规定的是信息披露的民事责任。 主要变化有： 一是明确将信息披露义务人未按照规定披露信息列为虚假陈述的情形之一。 二是将信息披露文件简称为“证券发行文件、定期报告、临时报告及其他信息披露资料”。 三是调整了发行人的控股股东、实际控制人的过错形式，由过错责任修改为过错推定责任。 四是将承担连带责任的主体范围扩展到保荐人、承销的证券公司的直接责任人员，使得承担民事责任的主体更精准。 相关法律法规：《最高人民法院关于审理证券市场因虚假陈述引发的民事赔偿案件的若干规定》（法释〔2003〕2 号）。

续表

2019 年《证券法》	2014 年《证券法》	适用精解
	人、上市公司的控股股东、实际控制人有过错的，应当与发行人、上市公司承担连带赔偿责任。	
第八十六条 依法披露的信息，应当在**证券交易场所的网站和符合国务院证券监督管理机构规定条件的媒体发布**，同时将其置备于公司住所、证券交易场所，供社会公众查阅。	**第七十条** 依法必须披露的信息，应当在国务院证券监督管理机构指定的媒体发布，同时将其置备于公司住所、证券交易所，供社会公众查阅。	本条由 2014 年《证券法》第七十条修改而来。 本条规定的是信息披露的载体形式。 主要变化有二： 一是明确应当在证券交易场所的网站披露。 二是将“国务院证券监督管理机构指定的媒体”修改为“符合国务院证券监督管理机构规定条件的媒体发布”。
第八十七条 国务院证券监督管理机构对**信息披露义务人的信息披露行为**进行监督管理。 **证券交易场所应当对其组织交易的证券的信息披露义务人的信息披露行为进行监督，督促其依法及时、准确地披露信息。**	**第七十一条** 国务院证券监督管理机构对上市公司年度报告、中期报告、临时报告以及公告的情况进行监督，对上市公司分派或者配售新股的情况进行监督，对上市公司控股股东和信息披露义务人的行为进行监督。 证券监督管理机构、证券交易所、保荐人、承销的证券公司及有关人员，对公司依照法律、行政法规规定必须作出的公告，在公告前不得泄露其内容。	本条由 2014 年《证券法》第七十一条修改而来。 本条规定的是信息披露的监管。 主要修改有： 第一款简化为“国务院证券监督管理机构对信息披露义务人的信息披露行为进行监督管理”。删除了“对上市公司分派或者配售新股的情况进行监督”。 第二款为新增条款，规定了证券交易场所对信息披露进行监管的职能。 原条文第二款的规定调整、整合到了 2019 年《证券法》第八十三条第二款第二句，即“任何单位和个人提前获知的前述信息，在依法披露前应当保密”。

续表

2019 年《证券法》	2014 年《证券法》	适用精解
	第七十二条 证券交易所决定暂停或者终止证券上市交易的，应当及时公告，并报国务院证券监督管理机构备案。	2014 年《证券法》第七十二条已被删除。
第六章 投资者保护		**本章为新增章节。**
第八十八条 证券公司向投资者销售证券、提供服务时，应当按照规定充分了解投资者的基本情况、财产状况、金融资产状况、投资知识和经验、专业能力等相关信息；如实说明证券、服务的重要内容，充分揭示投资风险；销售、提供与投资者上述状况相匹配的证券、服务。 投资者在购买证券或者接受服务时，应当按照证券公司明示的要求提供前款所列真实信息。拒绝提供或者未按照要求提供信息的，证券公司应当告知其后果，并按照规定拒绝向其销售证券、提供服务。 证券公司违反第一款规定导致投资者损失的，应当承担相应的赔偿责任。		本条为新增条文。 本条规定的是投资者适当性管理。 第一款规定的是证券公司向投资者销售证券、提供服务时的义务：(1) 应当按照规定充分了解投资者的基本情况、财产状况、金融资产状况、投资知识和经验、专业能力等相关信息；(2) 如实说明证券、服务的重要内容，充分揭示投资风险；(3) 销售、提供与投资者上述状况相匹配的证券、服务。 第二款规定的是投资者在购买证券或者接受服务时的义务：应当按照证券公司明示的要求提供前款所列真实信息。 投资者拒绝提供或者未按照要求提供信息的，证券公司应当告知其后果，并按照规定拒绝向其销售证券、提供服务。 第三款规定的是证券公司违反投资者适当性管理制度所应承担的民事责任。 相关法律法规：《证券期货投资者适当性管理办法》（中国证券监督管理委员会令第 130 号）。

续表

2019年《证券法》	2014年《证券法》	适用精解
第八十九条　根据财产状况、金融资产状况、投资知识和经验、专业能力等因素，投资者可以分为普通投资者和专业投资者。专业投资者的标准由国务院证券监督管理机构规定。 普通投资者与证券公司发生纠纷的，证券公司应当证明其行为符合法律、行政法规以及国务院证券监督管理机构的规定，不存在误导、欺诈等情形。证券公司不能证明的，应当承担相应的赔偿责任。		本条为新增条文。 本条规定的是对普通投资者的倾斜性保护。 第一款规定的是投资者的分类，投资者可以分为普通投资者和专业投资者。 第二款具体规定了对普通投资者的倾斜性保护：普通投资者与证券公司发生纠纷的，证券公司承担举证责任。这是一种突破性的规定。
第九十条　上市公司董事会、独立董事、持有百分之一以上有表决权股份的股东或者依照法律、行政法规或者国务院证券监督管理机构的规定设立的投资者保护机构（以下简称投资者保护机构），可以作为征集人，自行或者委托证券公司、证券服务机构，公开请求上市公司股东委托其代为出席股东大会，并代为行使提案权、表决权等股东权利。 依照前款规定征集股东权利的，征集人应当披露征集文件，上市公司应当予以配合。		本条为新增条文。 本条规定的是投票权公开征集。 第一款首先规定了可以公开征集投票权的主体——上市公司董事会、独立董事、持有百分之一以上有表决权股份的股东或者依照法律、行政法规或者国务院证券监督管理机构的规定设立的投资者保护机构。 第一款还规定了征集方式——自行或者委托证券公司、证券服务机构公开征集。 第一款也规定了征集投票权的内容——请求上市公司股东委托其代为出席股东大会，并代为行使提案权、表决权等股东权利。 第二款规定了征集文件的披露。

续表

2019年《证券法》	2014年《证券法》	适用精解
禁止以有偿或者变相有偿的方式公开征集股东权利。 公开征集股东权利违反法律、行政法规或者国务院证券监督管理机构有关规定，导致上市公司或者其股东遭受损失的，应当依法承担赔偿责任。		第三款禁止以有偿或者变相有偿的方式公开征集股东权利。 第四款规定了违法公开征集股东权利的民事责任。
第九十一条　上市公司应当在章程中明确分配现金股利的具体安排和决策程序，依法保障股东的资产收益权。 上市公司当年税后利润，在弥补亏损及提取法定公积金后有盈余的，应当按照公司章程的规定分配现金股利。		本条为新增条文。 本条规定的是强制现金分红制度。 第一款规定了上市公司应当在章程中明确分配现金股利的具体安排和决策程序。 第二款规定了分配现金股利的条件，只要上市公司当年税后利润，在弥补亏损及提取法定公积金后有盈余的，就应当按照公司章程的规定分配现金股利。
第九十二条　公开发行公司债券的，应当设立债券持有人会议，并应当在募集说明书中说明债券持有人会议的召集程序、会议规则和其他重要事项。 公开发行公司债券的，发行人应当为债券持有人聘请债券受托管理人，并订立债券受托管理协议。受托管理人应当由本次发行的承销机构或者其他经国务院证券监督管理机构认可的机构担任，债券持有人会议可以决议变更债券受托管理人。债券受		本条为新增条文。 本条规定的是债券投资者的保护。 第一款规定了债券持有人会议。即公开发行公司债券的，应当设立债券持有人会议，并应当在募集说明书中说明债券持有人会议的召集程序、会议规则和其他重要事项。 第二款规定了债券受托管理人。即公开发行公司债券的，发行人应当为债券持有人聘请债券受托管理人，并订立债券受托管理协议。受托管理人应当由本次发行的承销机构或者其他经国务院证券监督管理机构认可的机构担任，债券持有人会议可以决议变更债券受托管理人。债券受托管理人应当勤勉尽责，公正履行受托管理职责，不得损害债券持有人利益。

续表

2019年《证券法》	2014年《证券法》	适用精解
托管理人应当勤勉尽责，公正履行受托管理职责，不得损害债券持有人利益。 债券发行人未能按期兑付债券本息的，债券受托管理人可以接受全部或者部分债券持有人的委托，以自己名义代表债券持有人提起、参加民事诉讼或者清算程序。		第三款规定了债券发行人未能按期兑付债券本息的，债券受托管理人可以接受全部或者部分债券持有人的委托，以自己名义代表债券持有人提起、参加民事诉讼或者清算程序。这从法律上扫清了债券受托管理人的诉讼资格问题，有利于维护债券投资者的合法权益。
第九十三条　发行人因欺诈发行、虚假陈述或者其他重大违法行为给投资者造成损失的，发行人的控股股东、实际控制人、相关的证券公司可以委托投资者保护机构，就赔偿事宜与受到损失的投资者达成协议，予以先行赔付。先行赔付后，可以依法向发行人以及其他连带责任人追偿。		本条为新增条文。 本条规定的是先行赔付。 这里的“投资者保护机构”可以是中国证券投资者保护基金有限责任公司，也可以是中证中小投资者服务中心有限责任公司。 先行赔付后，投资者保护机构或赔付的实际出资人可以依法向发行人以及其他连带责任人追偿。
第九十四条　投资者与发行人、证券公司等发生纠纷的，双方可以向投资者保护机构申请调解。普通投资者与证券公司发生证券业务纠纷，普通投资者提出调解请求的，证券公司不得拒绝。		本条为新增条文。 本条规定的是投资者保护机构的职责。 第一款规定的是组织调解职责。投资者与发行人、证券公司等发生纠纷的，双方可以向投资者保护机构申请调解。第一款还规定了强制调解制度，即普通投资者与证券公司发生证券业务纠纷，普通投资者提出调解请求的，证券公司不得拒绝。

续表

2019年《证券法》	2014年《证券法》	适用精解
投资者保护机构对损害投资者利益的行为，可以依法支持投资者向人民法院提起诉讼。 发行人的董事、监事、高级管理人员执行公司职务时违反法律、行政法规或者公司章程的规定给公司造成损失，发行人的控股股东、实际控制人等侵犯公司合法权益给公司造成损失，投资者保护机构持有该公司股份的，可以为公司的利益以自己的名义向人民法院提起诉讼，持股比例和持股期限不受《中华人民共和国公司法》规定的限制。		第二款规定了支持诉讼职责，即投资者保护机构对损害投资者利益的行为，可以依法支持投资者向人民法院提起诉讼。 第三款规定的是公益诉讼职能，即发行人的董事、监事、高级管理人员执行公司职务时违反法律、行政法规或者公司章程的规定给公司造成损失，发行人的控股股东、实际控制人等侵犯公司合法权益给公司造成损失，投资者保护机构持有该公司股份的，可以为公司的利益以自己的名义向人民法院提起诉讼，持股比例和持股期限不受《公司法》规定的限制。
第九十五条　投资者提起虚假陈述等证券民事赔偿诉讼时，诉讼标的是同一种类，且当事人一方人数众多的，可以依法推选代表人进行诉讼。 对按照前款规定提起的诉讼，可能存在有相同诉讼请求的其他众多投资者的，人民法院可以发出公告，说明该诉讼请求的案件情况，通知投资者在一定期间向人民法院登记。人民法院作出的判决、裁定，对参加登记的投资		本条为新增条文。 第一款规定的是代表人诉讼，即投资者提起虚假陈述等证券民事赔偿诉讼时，诉讼标的是同一种类，且当事人一方人数众多的，可以依法推选代表人进行诉讼。 第二款规定的是代表人诉讼的效力，即对按照前款规定提起的诉讼，可能存在有相同诉讼请求的其他众多投资者的，人民法院可以发出公告，说明该诉讼请求的案件情况，通知投资者在一定期间向人民法院登记。人民法院作出的判决、裁定，对参加登记的投资者发生效力。 第三款规定的是投资者保护机构提起的代表人诉讼，即投资者保护机构受五十名以上投资者委托，可以作为

续表

2019年《证券法》	2014年《证券法》	适用精解
者发生效力。 **投资者保护机构受五十名以上投资者委托，可以作为代表人参加诉讼，并为经证券登记结算机构确认的权利人依照前款规定向人民法院登记，但投资者明确表示不愿意参加该诉讼的除外。**		代表人参加诉讼，并为经证券登记结算机构确认的权利人依照前款规定向人民法院登记，但投资者明确表示不愿意参加该诉讼的除外。 尤其值得关注的是第三款，它规定了“声明退出”规则，这是“中国版的集团诉讼”。
第七章　证券交易场所	**第五章　证券交易所**	本章由2014年《证券法》第五章修改而来，标题上多了一个“场”字，以涵盖“新三板”。
第九十六条　证券交易所、**国务院批准的其他全国性证券交易场所**为证券集中交易提供场所和设施，组织和监督证券交易，实行自律管理，**依法登记，取得法人资格。** 证券交易所、**国务院批准的其他全国性证券交易场所**的设立、**变更**和解散由国务院决定。 **国务院批准的其他全国性证券交易场所的组织机构、管理办法等，由国务院规定。**	**第一百零二条**　证券交易所是为证券集中交易提供场所和设施，组织和监督证券交易，实行自律管理的法人。 证券交易所的设立和解散，由国务院决定。	本条由2014年《证券法》第一百零二条修改而来。 本条规定的是证券交易所的法律地位。 主要修改有： 一是将国务院批准的其他全国性证券交易场所写入了《证券法》，肯定了其法律地位。 二是规定了证券交易所、国务院批准的其他全国性证券交易场所的依法登记，取得法人资格。 三是规定了证券交易所、国务院批准的其他全国性证券交易场所的变更也需要由国务院决定。 四是增加了第三款：国务院批准的其他全国性证券交易场所的组织机构、管理办法等，由国务院规定。 相关法律法规：《证券交易所管理办法》（中国证券监督管理委员会令第136号）、《国务院关于全国中小企业股份转让系统有关问题的决定》（国发〔2013〕49号）。

续表

2019年《证券法》	2014年《证券法》	适用精解
第九十七条　证券交易所、国务院批准的其他全国性证券交易场所可以根据证券品种、行业特点、公司规模等因素设立不同的市场层次。		本条为新增条款。 本条肯定了证券交易所、国务院批准的其他全国性证券交易场所进行内部分层的合法性。 相关法律法规：《中国证券监督管理委员会关于在上海证券交易所设立科创板并试点注册制的实施意见》（中国证券监督管理委员会公告〔2019〕2号）、《全国中小企业股份转让系统分层管理办法》（股转系统公告〔2019〕1843号）。
第九十八条　按照国务院规定设立的区域性股权市场为非公开发行证券的发行、转让提供场所和设施，具体管理办法由国务院规定。		本条为新增条款。 本条肯定了区域性股权市场的法律地位。本条有三层含义： 1. 区域性股权市场须按照国务院的规定设立。 2. 区域性股权市场为非公开发行证券的发行、转让提供场所和设施。 3. 区域性股权市场的具体管理办法由国务院规定。
第九十九条　证券交易所履行自律管理职能，应当遵守社会公共利益优先原则，维护市场的公平、有序、透明。 设立证券交易所必须制定章程。证券交易所章程的制定和修改，必须经国务院证券监督管理机构批准。	**第一百零三条**　设立证券交易所必须制定章程。 证券交易所章程的制定和修改，必须经国务院证券监督管理机构批准。	本条由2014年《证券法》第一百零三条修改而来。 第一款为新增条款，规定了证券交易所履行自律管理职能应遵守的原则——社会公共利益优先，维护市场的公平、有序、透明。 第二款其实是将原法条第一款和第二款予以了合并，规定的是证券交易所的章程。
第一百条　证券交易所必须在其名称中标明证券交易所字样。其他任何单位或者个人不得使用证券交易所或者近似的名称。	**第一百零四条**　证券交易所必须在其名称中标明证券交易所字样。其他任何单位或者个人不得使用证券交易所或者近似的名称。	本条由2014年《证券法》第一百零四条平移而来，在内容上未作修改。 本条规定的是证券交易所的名称及其保护，维护的是证券交易所名称的专用性。

续表

2019 年《证券法》	2014 年《证券法》	适用精解
第一百零一条 证券交易所可以自行支配的各项费用收入，应当首先用于保证其证券交易场所和设施的正常运行并逐步改善。 实行会员制的证券交易所的财产积累归会员所有，其权益由会员共同享有，在其存续期间，不得将其财产积累分配给会员。	**第一百零五条** 证券交易所可以自行支配的各项费用收入，应当首先用于保证其证券交易场所和设施的正常运行并逐步改善。 实行会员制的证券交易所的财产积累归会员所有，其权益由会员共同享有，在其存续期间，不得将其财产积累分配给会员。	本条由2014年《证券法》第一百零五条平移而来，在内容上未作修改。 本条规定的是证券交易所的财产。
第一百零二条实行会员制的证券交易所设理事会、**监事会。** 证券交易所设总经理一人，由国务院证券监督管理机构任免。	**第一百零六条** 证券交易所设理事会。 **第一百零七条** 证券交易所设总经理一人，由国务院证券监督管理机构任免。	**本条由2014年《证券法》第一百零六条和第一百零七条合并、修改而来。** **本条规定的是证券交易所的组织机构。** **主要修改是规定了实行会员制的证券交易所设理事会、监事会。新增了"监事会"。** **明确"实行会员制"的证券交易所设理事会，意味着不实行会员制，而实行公司制的证券交易所可以不设理事会。**
第一百零三条 有《中华人民共和国公司法》第一百四十六条规定的情形或者下列情形之一的，不得担任证券交易所的负责人： （一）因违法行为或者违纪行为被解除职务的证券交易**场**所、证券登记结算机构的负责人或者证券公司的董事、监事、高级管理人员，自被解除职务之日起未逾五年；	**第一百零八条** 有《中华人民共和国公司法》第一百四十六条规定的情形或者下列情形之一的，不得担任证券交易所的负责人： （一）因违法行为或者违纪行为被解除职务的证券交易所、证券登记结算机构的负责人或者证券公司的董事、监事、高级管理人员，自被解除职务之日起未逾五年；	本条由2014年《证券法》第一百零八条修改而来，在内容上仅作文字性修改。 **一是将原法条第一项中的"证券交易所"修改为"证券交易场所"。** **二是将原法条第二项中的"投资咨询机构、财务顾问机构、资信评级机构、资产评估机构、验证机构"修改为"其他证券服务机构"。** 本条规定的证券交易所的负责人的消极条件。

续表

2019 年《证券法》	2014 年《证券法》	适用精解
（二）因违法行为或者违纪行为被吊销执业证书或者被取消资格的律师、注册会计师或者**其他证券服务机构的**专业人员，自被吊销执业证书或者被取消资格之日起未逾五年。	（二）因违法行为或者违纪行为被撤销资格的律师、注册会计师或者投资咨询机构、财务顾问机构、资信评级机构、资产评估机构、验证机构的专业人员，自被撤销资格之日起未逾五年。	
第一百零四条 因违法行为或者违纪行为被开除的证券交易**场**所、**证券公司、**证券登记结算机构、证券服务机构的从业人员和被开除的国家机关工作人员，不得招聘为证券交易所的从业人员。	**第一百零九条** 因违法行为或者违纪行为被开除的证券交易所、证券登记结算机构、证券服务机构、证券公司的从业人员和被开除的国家机关工作人员，不得招聘为证券交易所的从业人员。	**本条由2014年《证券法》第一百零九条修改而来，在内容上仅作文字性修改，即将原法条中的“证券交易所”修改为“证券交易场所”，同时将“证券公司”的位置前移。** 本条规定的是证券交易所从业人员的消极条件。
第一百零五条 进入**实行会员制的**证券交易所参与集中交易的，必须是证券交易所的会员。**证券交易所不得允许非会员直接参与股票的集中交易。**	**第一百一十条** 进入证券交易所参与集中交易的，必须是证券交易所的会员。	**本条由2014年《证券法》第一百一十条修改而来，主要修改有：** **一是在证券交易所前面增加“实行会员制的”限度语，限缩了适用范围，意味着公司制证券交易所不适用本条规定。** **二是新增：“证券交易所不得允许非会员直接参与股票的集中交易。”**
第一百零六条 投资者应当与证券公司签订证券交易委托协议，并在证券公司**实名**开立账户，以书面、电话、**自助终端、网络等**方式，委托该证券公司代其买卖证券。	**第一百一十一条** 投资者应当与证券公司签订证券交易委托协议，并在证券公司开立证券交易账户，以书面、电话以及其他方式，委托该证券公司代其买卖证券。	**本条由2014年《证券法》第一百一十一条修改而来。** **本条规定的是投资者参与证券交易的途径。** **主要修改有：** **一是新增实名制开户的要求。** **二是将“其他方式”明确为“自助终端、网络等”委托方式。**

续表

2019年《证券法》	2014年《证券法》	适用精解
第一百零七条　证券公司为投资者开立账户，应当按照规定对投资者提供的身份信息进行核对。 **证券公司不得将投资者的账户提供给他人使用。** **投资者应当使用实名开立的账户进行交易。**		本条为新增条文。 本条全面规定了账户实名制。 第一款规定了证券公司对投资者提供的身份信息进行核对的义务。 第二款规定了证券公司不得将投资者的账户提供给他人使用的义务。 第三款规定了投资者的义务：应当使用实名开立的账户进行交易。
第一百零八条　证券公司根据投资者的委托，按照证券交易规则提出交易申报，参与证券交易所场内的集中交易，并根据成交结果承担相应的清算交收责任。证券登记结算机构根据成交结果，按照清算交收规则，与证券公司进行证券和资金的清算交收，并为证券公司客户办理证券的登记过户手续。	**第一百一十二条**　证券公司根据投资者的委托，按照证券交易规则提出交易申报，参与证券交易所场内的集中交易，并根据成交结果承担相应的清算交收责任；证券登记结算机构根据成交结果，按照清算交收规则，与证券公司进行证券和资金的清算交收，并为证券公司客户办理证券的登记过户手续。	本条由2014年《证券法》第一百一十二条平移而来，只有一处标点改动。 本条规定的是清算交收与登记过户。
第一百零九条　证券交易所应当为组织公平的集中交易提供保障，实时公布证券交易即时行情，并按交易日制作证券市场行情表，予以公布。 **证券交易即时行情的权益由证券交易所依法享有。**未经证券交易所许可，任何单位和个人不得发布证券交易即时行情。	**第一百一十三条**　证券交易所应当为组织公平的集中交易提供保障，公布证券交易即时行情，并按交易日制作证券市场行情表，予以公布。 未经证券交易所许可，任何单位和个人不得发布证券交易即时行情。	**本条由2014年《证券法》第一百一十三条修改而来。** **本条规定的是证券交易即时行情。** **本条新增的规定是，明确"证券交易即时行情的权益由证券交易所依法享有"。**

续表

2019年《证券法》	2014年《证券法》	适用精解
第一百一十条 上市公司可以向证券交易所申请其上市交易股票的停牌或者复牌，但不得滥用停牌或者复牌损害投资者的合法权益。 证券交易所可以按照业务规则的规定，决定上市交易股票的停牌或者复牌。		本条为新增条文。 本条规定的是上市交易股票的停牌或者复牌。 第一款规定了上市公司的申请股票停牌或者复牌权，但同时规定该权利不得滥用。 第二款规定了证券交易所的决定股票停牌或者复牌权。
第一百一十一条 因不可抗力、意外事件、重大技术故障、重大人为差错等突发性事件而影响证券交易正常进行时，为维护证券交易正常秩序和市场公平，证券交易所可以按照业务规则采取技术性停牌、临时停市等处置措施，并应当及时向国务院证券监督管理机构报告。 因前款规定的突发性事件导致证券交易结果出现重大异常，按交易结果进行交收将对证券交易正常秩序和市场公平造成重大影响的，证券交易所按照业务规则可以采取取消交易、通知证券登记结算机构暂缓交收等措施，并应当及时向国务院证券监督管理机构报告并公告。 证券交易所对其依照本条规定采取措施造成的损失，不承担民事赔偿责任，但存在重大过错的除外。	**第一百一十四条** 因突发性事件而影响证券交易的正常进行时，证券交易所可以采取技术性停牌的措施；因不可抗力的突发性事件或者为维护证券交易的正常秩序，证券交易所可以决定临时停市。 证券交易所采取技术性停牌或者决定临时停市，必须及时报告国务院证券监督管理机构。	本条由2014年《证券法》第一百一十四条修改而来。 本条规定的是技术性停牌与临时停市。 本条修改较大： 一是在技术上将技术性停牌、临时停市予以同时规定，同时授权证券交易所按照其业务规则具体规定。 二是将典型的突发事件予以列举——不可抗力、意外事件、重大技术故障、重大人为差错等。 三是在第二款新增了取消交易、暂缓交收等措施，即学术上所称的“错单交易撤销制度”。但其适用前提有严格限制：“因前款规定的突发性事件导致证券交易结果出现重大异常”且“按交易结果进行交收将对证券交易正常秩序和市场公平造成重大影响”。取消交易的主体是证券交易所。证券交易所取消交易，除应符合以上实体要求外，在程序上还必须注意：一是根据业务规则进行，二是及时向国务院证券监督管理机构报告，三是及时公告。 第三款规定了证券交易所履行职责时的责任豁免，但责任豁免的前提是不存在重大过错。证券交易所存在重大过错的，仍应该承担民事赔偿责任。

续表

2019 年《证券法》	2014 年《证券法》	适用精解
第一百一十二条 证券交易所对证券交易实行实时监控，并按照国务院证券监督管理机构的要求，对异常的交易情况提出报告。 证券交易所根据需要，可以按照业务规则对出现重大异常交易情况的证券账户的投资者限制交易，并及时报告国务院证券监督管理机构。	**第一百一十五条** 证券交易所对证券交易实行实时监控，并按照国务院证券监督管理机构的要求，对异常的交易情况提出报告。 证券交易所应当对上市公司及相关信息披露义务人披露信息进行监督，督促其依法及时、准确地披露信息。 证券交易所根据需要，可以对出现重大异常交易情况的证券账户限制交易，并报国务院证券监督管理机构备案。	本条由 2014 年《证券法》第一百一十五条修改而来。 本条规定的是证券交易所的职权。 本条的修改是删除了原法条第二款“证券交易所应当对上市公司及相关信息披露义务人披露信息进行监督，督促其依法及时、准确地披露信息”。
第一百一十三条 **证券交易所应当加强对证券交易的风险监测，出现重大异常波动的，证券交易所可以按照业务规则采取限制交易、强制停牌等处置措施，并向国务院证券监督管理机构报告；严重影响证券市场稳定的，证券交易所可以按照业务规则采取临时停市等处置措施并公告。** **证券交易所对其依照本条规定采取措施造成的损失，不承担民事赔偿责任，但存在重大过错的除外。**		本条为新增条文。 本条规定是是证券交易所的风险监测。 第一款规定了出现重大异常波动时限制交易、强制停牌、临时停市等处置措施。 应注意本条规定的出现重大异常波动时的临时停市与第一百一十一条规定的出现突发性事件时的临时停市在适用前提方面的不同。 第二款规定了证券交易所履行职责时的责任豁免，但责任豁免的前提是不存在重大过错。

续表

2019 年《证券法》	2014 年《证券法》	适用精解
第一百一十四条 证券交易所应当从其收取的交易费用和会员费、席位费中提取一定比例的金额设立风险基金。风险基金由证券交易所理事会管理。 风险基金提取的具体比例和使用办法，由国务院证券监督管理机构会同国务院财政部门规定。 证券交易所应当将收存的风险基金存入开户银行专门账户，不得擅自使用。	**第一百一十六条** 证券交易所应当从其收取的交易费用和会员费、席位费中提取一定比例的金额设立风险基金。风险基金由证券交易所理事会管理。 风险基金提取的具体比例和使用办法，由国务院证券监督管理机构会同国务院财政部门规定。 **第一百一十七条** 证券交易所应当将收存的风险基金存入开户银行专门账户，不得擅自使用。	本条由2014年《证券法》第一百一十六条和第一百一十七条合并而来。在内容上未作修改。 本条规定的是证券交易所风险基金。
第一百一十五条 证券交易所依照法律、行政法规和**国务院证券监督管理机构的规定，**制定上市规则、交易规则、会员管理规则和其他有关业务规则，并报国务院证券监督管理机构批准。 **在证券交易所从事证券交易，应当遵守证券交易所依法制定的业务规则。违反业务规则的，由证券交易所给予纪律处分或者采取其他自律管理措施。**	**第一百一十八条** 证券交易所依照证券法律、行政法规制定上市规则、交易规则、会员管理规则和其他有关规则，并报国务院证券监督管理机构批准。 **第一百二十一条** 在证券交易所内从事证券交易的人员，违反证券交易所有关交易规则的，由证券交易所给予纪律处分；对情节严重的，撤销其资格，禁止其入场进行证券交易。	本条由2014年《证券法》第一百一十八条和第一百二十一条合并、修改而来。 本条规定的是证券交易所的业务规则。 第一款新增了证券交易所的业务规则的制定依据——国务院证券监督管理机构的规定。 第二款规定，在证券交易所从事证券交易，应当遵守证券交易所依法制定的业务规则。违反业务规则的，由证券交易所给予纪律处分或者采取其他自律管理措施。这就将证券交易所的自律管理工具分为纪律处分和采取其他自律管理措施两大类，比原法条的规定更周延。

续表

2019 年《证券法》	2014 年《证券法》	适用精解
第一百一十六条 证券交易所的负责人和其他从业人员执行与证券交易有关的职务时，与其本人或者其亲属有利害关系的，应当回避。	**第一百一十九条** 证券交易所的负责人和其他从业人员在执行与证券交易有关的职务时，与其本人或者其亲属有利害关系的，应当回避。	本条由 2014 年《证券法》第一百一十九条平移而来，在内容上未作修改。 本条规定的是证券交易所的回避制度。
第一百一十七条 按照依法制定的交易规则进行的交易，不得改变其交易结果，**但本法第一百一十一条第二款规定的除外**。对交易中违规交易者应负的民事责任不得免除；在违规交易中所获利益，依照有关规定处理。	**第一百二十条** 按照依法制定的交易规则进行的交易，不得改变其交易结果。对交易中违规交易者应负的民事责任不得免除；在违规交易中所获利益，依照有关规定处理。	本条由 2014 年《证券法》第一百二十条修改而来。 本条规定的是证券交易的不可撤销性及其例外。 新法第一百一十一条新增了重大错误交易取消制度，这改变了证券交易的不可撤销性。但除此之外，证券交易具有不可撤销性。
第八章　证券公司	**第六章　证券公司**	对章节序号进行了调整。
第一百一十八条 设立证券公司，应当**具备下列条件，并**经国务院证券监督管理机构批准： （一）有符合法律、行政法规规定的公司章程； （二）主要股东**及公司的实际控制人具有良好的财务状况和诚信记录**，最近三年无重大违法违规记录； （三）有符合本法规定的**公司**注册资本； （四）董事、监事、高级管理人员、**从业人员符合本法规定的条件**；	**第一百二十二条** 设立证券公司，必须经国务院证券监督管理机构审查批准。未经国务院证券监督管理机构批准，任何单位和个人不得经营证券业务。 **第一百二十四条** 设立证券公司，应当具备下列条件： （一）有符合法律、行政法规规定的公司章程； （二）主要股东具有持续盈利能力，信誉良好，最近三年无重大违法违规记录，净资产不低于人民币二亿元； （三）有符合本法	本条由 2014 年《证券法》第一百二十二条和第一百二十四条合并、修改而来。 第一款规定的是证券公司的设立条件。新增的条件有：（1）主要股东及公司的实际控制人具有良好的财务状况和诚信记录；（2）有合格的信息技术系统。同时将“从业人员具有证券从业资格”修改为“从业人员符合本法规定的条件”，删除了主要股东的净资产不低于人民币二亿元的硬性要求。

续表

2019年《证券法》	2014年《证券法》	适用精解
（五）有完善的风险管理与内部控制制度； （六）有合格的经营场所、业务设施**和信息技术系统；** （七）法律、行政法规和经国务院批准的国务院证券监督管理机构规定的其他条件。 未经国务院证券监督管理机构批准，任何单位和个人不得**以证券公司名义**开展证券业务活动。	规定的注册资本； （四）董事、监事、高级管理人员具备任职资格，从业人员具有证券从业资格； （五）有完善的风险管理与内部控制制度； （六）有合格的经营场所和业务设施； （七）法律、行政法规规定的和经国务院批准的国务院证券监督管理机构规定的其他条件。	**第二款规定的是证券公司业务的特许性质。新增的是未经国务院证券监督管理机构批准，任何单位和个人不得“以证券公司名义”开展证券业务活动。**
	第一百二十三条 本法所称证券公司是指依照《中华人民共和国公司法》和本法规定设立的经营证券业务的有限责任公司或者股份有限公司。	2014年《证券法》第一百二十三条已被删除。
第一百一十九条 国务院证券监督管理机构应当自受理证券公司设立申请之日起六个月内，依照法定条件和法定程序并根据审慎监管原则进行审查，作出批准或者不予批准的决定，并通知申请人；不予批准的，应当说明理由。 证券公司设立申请获得批准的，申请人应当在规定的期限内向公司登记机关申请设立登记，领取营业执照。	**第一百二十八条** 国务院证券监督管理机构应当自受理证券公司设立申请之日起六个月内，依照法定条件和法定程序并根据审慎监管原则进行审查，作出批准或者不予批准的决定，并通知申请人；不予批准的，应当说明理由。 证券公司设立申请获得批准的，申请人应当在规定的期限内向公司登记机关申请设立登记，领取营业执照。	本条由2014年《证券法》第一百二十八条平移而来，在内容上未作修改。 本条规定的是证券公司的设立审批。

续表

2019 年《证券法》	2014 年《证券法》	适用精解
证券公司应当自领取营业执照之日起十五日内，向国务院证券监督管理机构申请经营证券业务许可证。未取得经营证券业务许可证，证券公司不得经营证券业务。	证券公司应当自领取营业执照之日起十五日内，向国务院证券监督管理机构申请经营证券业务许可证。未取得经营证券业务许可证，证券公司不得经营证券业务。	
第一百二十条 经国务院证券监督管理机构核准，**取得经营证券业务许可证，**证券公司可以经营下列部分或者全部证券业务： （一）证券经纪； （二）证券投资咨询； （三）与证券交易、证券投资活动有关的财务顾问； （四）证券承销与保荐； **（五）证券融资融券；** **（六）证券做市交易；** （七）证券自营； （八）其他证券业务。 国务院证券监督管理机构应当自受理前款规定事项申请之日起**三个月内，**依照法定条件和程序进行审查，作出**核准或者不予核准**的决定，并通知申请人；不予核准的，应当说明理由。	**第一百二十五条** 经国务院证券监督管理机构批准，证券公司可以经营下列部分或者全部业务： （一）证券经纪； （二）证券投资咨询； （三）与证券交易、证券投资活动有关的财务顾问； （四）证券承销与保荐； （五）证券自营； （六）证券资产管理； （七）其他证券业务。	本条由 2014 年《证券法》第一百二十五条修改而来。 本条规定的是证券公司的业务。 本条的修改较大： 一是将证券融资融券业务和证券做市交易纳入证券业务的范畴。 二是在证券业务中删除了证券资产管理业务。同时在第三款中规定，证券公司经营证券资产管理业务的，应当符合《证券投资基金法》等法律、行政法规的规定。 三是增加了国务院证券监督管理机构审查、核准证券业务的期限。 四是明确申明："除证券公司外，任何单位和个人不得从事证券承销、证券保荐、证券经纪和证券融资融券业务。"即这四项证券业务为证券公司的特许专有业务。 五是对证券公司从事证券融资融券业务提出特殊要求，即"应当采取措施，严格防范和控制风险，不得违反规定向客户出借资金或者证券"。 以上修改，显示出了严厉打击和杜绝场外配资业务的决心。 此外还有一些文字性修改，如将"批准"改成了"核准"。 相关法律法规：《中华人民共和国证券投资基金法》（2015 年 4 月 24 日修正）

续表

2019 年《证券法》	2014 年《证券法》	适用精解
证券公司经营证券资产管理业务的，应当符合《中华人民共和国证券投资基金法》等法律、行政法规的规定。 **除证券公司外，任何单位和个人不得从事证券承销、证券保荐、证券经纪和证券融资融券业务。** **证券公司从事证券融资融券业务，应当采取措施，严格防范和控制风险，不得违反规定向客户出借资金或者证券。**		
	第一百二十六条 证券公司必须在其名称中标明证券有限责任公司或者证券股份有限公司字样。	2014 年《证券法》第一百二十六条已被删除。
第一百二十一条 证券公司经营本法**第一百二十条第一款**第（一）项至第（三）项业务的，注册资本最低限额为人民币五千万元；经营第（四）项至第**（八）**项业务之一的，注册资本最低限额为人民币一亿元；经营第（四）项至第**（八）**项业务中两项以上的，注册资本最低限额为人民币五亿元。证券公司的注册资本应当是实缴资本。	**第一百二十七条** 证券公司经营本法第一百二十五条第（一）项至第（三）项业务的，注册资本最低限额为人民币五千万元；经营第（四）项至第（七）项业务之一的，注册资本最低限额为人民币一亿元；经营第（四）项至第（七）项业务中两项以上的，注册资本最低限额为人民币五亿元。证券公司的注册资本应当是实缴资本。	本条由 2014 年《证券法》第一百二十七条修改而来。 本条规定的是证券公司的注册资本。

续表

2019年《证券法》	2014年《证券法》	适用精解
国务院证券监督管理机构根据审慎监管原则和各项业务的风险程度，可以调整注册资本最低限额，但不得少于前款规定的限额。	国务院证券监督管理机构根据审慎监管原则和各项业务的风险程度，可以调整注册资本最低限额，但不得少于前款规定的限额。	
第一百二十二条 证券公司变更**证券**业务范围，变更**主要股东或者公司的**实际控制人，合并、分立、停业、解散、破产，应当经国务院证券监督管理机构**核准**。	**第一百二十九条** 证券公司设立、收购或者撤销分支机构，变更业务范围，增加注册资本且股权结构发生重大调整，减少注册资本，变更持有百分之五以上股权的股东、实际控制人，变更公司章程中的重要条款，合并、分立、停业、解散、破产，必须经国务院证券监督管理机构批准。 证券公司在境外设立、收购或者参股证券经营机构，必须经国务院证券监督管理机构批准。	本条由2014年《证券法》第一百二十九条修改而来。 本条规定的是证券公司重大事项的审批。 本着简政放权的精神，本条修改大大简化了需要经国务院证券监督管理机构核准的事项。 一是证券公司设立、收购或者撤销分支机构，不需要再经国务院证券监督管理机构核准。 二是将“增加注册资本且股权结构发生重大调整”修改、限缩为“变更主要股东或者公司的实际控制人”，减少了需要经国务院证券监督管理机构核准的事项。 三是减少注册资本，变更持有百分之五以上股权的股东，不需要再经国务院证券监督管理机构核准，但变更主要股东除外。 四是变更公司章程中的重要条款不需要再经国务院证券监督管理机构核准。 五是证券公司在境外设立、收购或者参股证券经营机构，不需要再经国务院证券监督管理机构批准或核准。 最后是文字性修改，将“批准”修改为“核准”。

续表

2019 年《证券法》	2014 年《证券法》	适用精解
第一百二十三条 国务院证券监督管理机构应当对证券公司净资本和其他风险控制指标作出规定。 证券公司**除依照规定为其客户提供融资融券外，**不得为其股东或者股东的关联人提供融资或者担保。	**第一百三十条** 国务院证券监督管理机构应当对证券公司的净资本，净资本与负债的比例，净资本与净资产的比例，净资本与自营、承销、资产管理等业务规模的比例，负债与净资产的比例，以及流动资产与流动负债的比例等风险控制指标作出规定。 证券公司不得为其股东或者股东的关联人提供融资或者担保。	本条由2014年《证券法》第一百三十条修改而来。 本条规定的是证券公司的风险控制。 主要修改有两处： 一是不再详细规定风险控制指标具体包括哪些指标，而是通称为“其他风险控制指标”，意味着这些具体指标的种类授权给了下位法予以规定。 二是对证券公司的关联融资和担保提供了例外条款——融资融券除外。
第一百二十四条 证券公司的董事、监事、高级管理人员，应当正直诚实、品行良好，熟悉证券法律、行政法规，具有履行职责所需的经营管理能力。**证券公司任免董事、监事、高级管理人员，应当报国务院证券监督管理机构备案。** 有《中华人民共和国公司法》第一百四十六条规定的情形或者下列情形之一的，不得担任证券公司的董事、监事、高级管理人员： （一）因违法行为或者违纪行为被解除职务的证券交易**场**所、证券登记结算机构的负责人或者证券公司的董事、监事、高级管理人	**第一百三十一条** 证券公司的董事、监事、高级管理人员，应当正直诚实、品行良好，熟悉证券法律、行政法规，具有履行职责所需的经营管理能力，并在任职前取得国务院证券监督管理机构核准的任职资格。 有《中华人民共和国公司法》第一百四十六条规定的情形或者下列情形之一的，不得担任证券公司的董事、监事、高级管理人员： （一）因违法行为或者违纪行为被解除职务的证券交易所、证券登记结算机构的负责人或者证券公司的董事、监事、高级管理人员，自被解除职务之日起未	本条由2014年《证券法》第一百三十一条修改而来。 本条规定的是证券公司的“董监高”。 主要修改是删除了证券公司的“董监高”在任职前须取得国务院证券监督管理机构核准的任职资格的规定，调整为证券公司任免董事、监事、高级管理人员，应当报国务院证券监督管理机构备案。即由核准改成了备案。 其次是将“证券交易所”修改为“证券交易场所”以扩大范围。 此外，还将“被撤销资格”修改为“被吊销执业证书或者被取消资格”，以使表达更加准确。

续表

2019年《证券法》	2014年《证券法》	适用精解
员，自被解除职务之日起未逾五年； （二）因违法行为或者违纪行为**被吊销执业证书或**者被**取**消资格的律师、注册会计师或者**其他证券服务机构**的专业人员，自被**吊销执业证书**或者被**取**消资格之日起未逾五年。	逾五年； （二）因违法行为或者违纪行为被撤销资格的律师、注册会计师或者投资咨询机构、财务顾问机构、资信评级机构、资产评估机构、验证机构的专业人员，自被撤销资格之日起未逾五年。	
第一百二十五条 **证券公司从事证券业务的人员应当品行良好，具备从事证券业务所需的专业能力。** 因违法行为或者违纪行为被开除的证券交易场所、**证券公司**、证券登记结算机构、证券服务机构的从业人员和被开除的国家机关工作人员，不得招聘为证券公司的从业人员。 国家机关工作人员和法律、行政法规规定的禁止在公司中兼职的其他人员，不得在证券公司中兼任职务。	**第一百三十二条** 因违法行为或者违纪行为被开除的证券交易所、证券登记结算机构、证券服务机构、证券公司的从业人员和被开除的国家机关工作人员，不得招聘为证券公司的从业人员。 **第一百三十三条** 国家机关工作人员和法律、行政法规规定的禁止在公司中兼职的其他人员，不得在证券公司中兼任职务。	本条由2014年《证券法》第一百三十二条和第一百三十三条修改而来。 本条规定的是证券公司的从业人员。 主要修改是增加了“证券公司从事证券业务的人员应当品行良好，具备从事证券业务所需的专业能力”这一原则性规定。 此外，还将“证券交易所”修改为“证券交易场所”以扩大范围。
第一百二十六条 国家设立证券投资者保护基金。证券投资者保护基金由证券公司缴纳的资金及其他依法筹集的资金组成，其**规模以及**筹集、管理和使用的具体办法由国务院规定。	**第一百三十四条** 国家设立证券投资者保护基金。证券投资者保护基金由证券公司缴纳的资金及其他依法筹集的资金组成，其筹集、管理和使用的具体办法由国务院规定。	本条由2014年《证券法》第一百三十四条修改而来。 本条规定的是证券投资者保护基金。 主要修改是增加了证券投资者保护基金的“**规模**”也要由国务院规定。 因为证券投资者保护基金自设立以来，积累的规模巨大，但在实践中却没有动用过一笔，如此增长下去是否有必要，是否需要暂停筹集这值得

续表

2019 年《证券法》	2014 年《证券法》	适用精解
		研究。增加证券投资者保护基金的**“规模”**由国务院规定，为暂停筹集埋下了伏笔。 相关法律法规：《证券投资者保护基金管理办法》（中国证券监督管理委员会令第124号）。
第一百二十七条 证券公司从每年的**业务收入**中提取交易风险准备金，用于弥补证券**经营**的损失，其提取的具体比例由国务院证券监督管理机构**会同国务院财政部门**规定。	**第一百三十五条** 证券公司从每年的税后利润中提取交易风险准备金，用于弥补证券交易的损失，其提取的具体比例由国务院证券监督管理机构规定。	本条由2014年《证券法》第一百三十五条修改而来。 本条规定的是证券公司的交易风险准备金。 主要修改有： 一是将交易风险准备金由从“税后利润”中提取修改为从“业务收入”中提取，从而扩大了风险准备金的来源。因为有业务收入的证券公司可能出现亏损而不一定有税后利润。 二是将用于弥补“证券交易的损失”改为用于弥补“证券经营”的损失，损失范围扩大了。 三是提取的具体比例从“由国务院证券监督管理机构规定”改为由“国务院证券监督管理机构会同国务院财政部门规定”。这是因为国务院财政部门是我国的会计主管部门。
第一百二十八条 证券公司应当建立健全内部控制制度，采取有效隔离措施，防范公司与客户之间、不同客户之间的利益冲突。 证券公司必须将其证券经纪业务、证券承销业务、证券自营业务、**证券做市业务**和证券资产管理业务分开办理，不得混合操作。	**第一百三十六条** 证券公司应当建立健全内部控制制度，采取有效隔离措施，防范公司与客户之间、不同客户之间的利益冲突。 证券公司必须将其证券经纪业务、证券承销业务、证券自营业务和证券资产管理业务分开办理，不得混合操作。	本条由2014年《证券法》第一百三十六条修改而来。 本条规定的是证券公司的“防火墙制度”。 主要修改是将证券做市业务加入到了“防火墙制度”中。

续表

2019 年《证券法》	2014 年《证券法》	适用精解
第一百二十九条 证券公司的自营业务必须以自己的名义进行，不得假借他人名义或者以个人名义进行。 证券公司的自营业务必须使用自有资金和依法筹集的资金。 证券公司不得将其自营账户借给他人使用。	**第一百三十七条** 证券公司的自营业务必须以自己的名义进行，不得假借他人名义或者以个人名义进行。 证券公司的自营业务必须使用自有资金和依法筹集的资金。 证券公司不得将其自营账户借给他人使用。	本条由 2014 年《证券法》第一百三十七条平移而来，在内容上未作修改。 本条规定的是证券公司的自营业务。
第一百三十条　证券公司应当依法审慎经营，勤勉尽责，诚实守信。 **证券公司的业务活动，应当与其治理结构、内部控制、合规管理、风险管理以及风险控制指标、从业人员构成等情况相适应，符合审慎监管和保护投资者合法权益的要求。** 证券公司依法享有自主经营的权利，其合法经营不受干涉。	**第一百三十八条** 证券公司依法享有自主经营的权利，其合法经营不受干涉。	**本条由 2014 年《证券法》第一百三十八条修改而来。** **本条规定的是证券公司的经营。** **主要修改有两处：** **一是增加了一款作为第一款，即，证券公司经营的原则——依法审慎经营，勤勉尽责，诚实守信。** **二是增加了一款作为第二款，规定证券公司的业务活动，应当与其治理结构、内部控制、合规管理、风险管理以及风险控制指标、从业人员构成等情况相适应，符合审慎监管和保护投资者合法权益的要求。**
第一百三十一条 证券公司客户的交易结算资金应当存放在商业银行，以每个客户的名义单独立户管理。 证券公司不得将客户的交易结算资金和证券归入其自有财产。禁止任何单位或者个人以任何形式挪用客户的交易结算资金和证券。证券公司破产或者清算时，客户的交易结算资	**第一百三十九条** 证券公司客户的交易结算资金应当存放在商业银行，以每个客户的名义单独立户管理。具体办法和实施步骤由国务院规定。 证券公司不得将客户的交易结算资金和证券归入其自有财产。禁止任何单位或者个人以任何形式挪用客户的交易结算资金和证券。证	本条由 2014 年《证券法》第一百三十九条修改而来。 本条规定的是客户交易结算资金与证券。 本条的变化是删除了“具体办法和实施步骤由国务院规定”。因为证券公司挪用客户保证金的问题，已经在 2005 年修改《证券法》时，通过引入商业银行托管的方式得以解决，即已经实施完成。没有必要再规定“实施步骤由国务院规定”，因此将这一句予以删除。

续表

2019 年《证券法》	2014 年《证券法》	适用精解
金和证券不属于其破产财产或者清算财产。非因客户本身的债务或者法律规定的其他情形，不得查封、冻结、扣划或者强制执行客户的交易结算资金和证券。	券公司破产或者清算时，客户的交易结算资金和证券不属于其破产财产或者清算财产。非因客户本身的债务或者法律规定的其他情形，不得查封、冻结、扣划或者强制执行客户的交易结算资金和证券。	
第一百三十二条 证券公司办理经纪业务，应当置备统一制定的证券买卖委托书，供委托人使用。采取其他委托方式的，必须作出委托记录。 客户的证券买卖委托，不论是否成交，其委托记录应当按照规定的期限，保存于证券公司。	**第一百四十条** 证券公司办理经纪业务，应当置备统一制定的证券买卖委托书，供委托人使用。采取其他委托方式的，必须作出委托记录。 客户的证券买卖委托，不论是否成交，其委托记录应当按照规定的期限，保存于证券公司。	本条由 2014 年《证券法》第一百四十条平移而来，在内容上未作修改。 本条规定的是经纪业务管理。
第一百三十三条 证券公司接受证券买卖的委托，应当根据委托书载明的证券名称、买卖数量、出价方式、价格幅度等，按照交易规则代理买卖证券，如实进行交易记录；买卖成交后，应当按照规定制作买卖成交报告单交付客户。 证券交易中确认交易行为及其交易结果的对账单必须真实，保证账面证券余额与实际持有的证券相一致。	**第一百四十一条** 证券公司接受证券买卖的委托，应当根据委托书载明的证券名称、买卖数量、出价方式、价格幅度等，按照交易规则代理买卖证券，如实进行交易记录；买卖成交后，应当按照规定制作买卖成交报告单交付客户。 证券交易中确认交易行为及其交易结果的对账单必须真实，并由交易经办人员以外的审核人员逐笔审核，保证账面证券余额与实际持有的证券相一致。	本条由 2014 年《证券法》第一百四十一条修改而来。 本条规定的是证券公司受托买卖证券。 本条删除了“并由交易经办人员以外的审核人员逐笔审核”，因为在电子交易的时代，原先的规定已不合时宜。

续表

2019 年《证券法》	2014 年《证券法》	适用精解
	第一百四十二条 证券公司为客户买卖证券提供融资融券服务，应当按照国务院的规定并经国务院证券监督管理机构批准。	2014 年《证券法》第一百四十二条的规定已被删除。因为融资融券业务被整合到新法第一百二十条。
第一百三十四条 证券公司办理经纪业务，不得接受客户的全权委托而决定证券买卖、选择证券种类、决定买卖数量或者买卖价格。 **证券公司不得允许他人以证券公司的名义直接参与证券的集中交易。**	**第一百四十三条** 证券公司办理经纪业务，不得接受客户的全权委托而决定证券买卖、选择证券种类、决定买卖数量或者买卖价格。	本条由 2014 年《证券法》第一百四十三条修改而来。 本条规定的是禁止全权委托。 第一款没有变化。 **第二款为新增条款，从证券公司的义务的角度重申了“证券公司不得允许他人以证券公司的名义直接参与证券的集中交易”的基本精神。这一规定与新法第一百一十八条和第一百二十条相呼应，维护了证券业务的特许性。由此可见本次《证券法》的修改受 2015 年所谓的“股市异常波动”影响之深。**
第一百三十五条 证券公司不得对客户证券买卖的收益或者赔偿证券买卖的损失作出承诺。	**第一百四十四条** 证券公司不得以任何方式对客户证券买卖的收益或者赔偿证券买卖的损失作出承诺。	本条由 2014 年《证券法》第一百四十四条修改而来，仅作文字性的修改，即删除了“以任何方式”。 本条规定的是禁止保底承诺。
第一百三十六条 证券公司的从业人员在证券交易活动中，执行所属的证券公司的指令或者利用职务违反交易规则的，由所属的证券公司承担全部责任。 证券公司的从业人员不得私下接受客户委托买卖证券。	**第一百四十五条** 证券公司及其从业人员不得未经过其依法设立的营业场所私下接受客户委托买卖证券。 **第一百四十六条** 证券公司的从业人员在证券交易活动中，执行所属的证券公司的指令或者利用职务违反交易规则的，由所属的证券公司承担全部责任。	本条由 2014 年《证券法》第一百四十五条和第一百四十六条合并、修改而来。 第一款由 2014 年《证券法》第一百四十六条平移而来，规定的是证券公司从业人员职务行为的责任归属。 第二款由 2014 年《证券法》第一百四十五条修改而来，规定的是禁止私下接受委托（禁止飞单）。删除了原条文中的“未经过其依法设立的营业场所”以适用证券交易电子化时代的需要。

续表

2019年《证券法》	2014年《证券法》	适用精解
第一百三十七条 **证券公司应当建立客户信息查询制度，确保客户能够查询其账户信息、委托记录、交易记录以及其他与接受服务或者购买产品有关的重要信息。** 证券公司应当妥善保存客户开户资料、委托记录、交易记录和与内部管理、业务经营有关的各项**信息**，任何人不得隐匿、伪造、篡改或者毁损。上述**信息**的保存期限不得少于二十年。	**第一百四十七条** 证券公司应当妥善保存客户开户资料、委托记录、交易记录和与内部管理、业务经营有关的各项资料，任何人不得隐匿、伪造、篡改或者毁损。上述资料的保存期限不得少于二十年。	本条由2014年《证券法》第一百四十七条修改而来。 本条规定的是信息的查询与保存。 第一款为新增条款，要求证券公司应当建立客户信息查询制度。 第二款将“资料”改成了“信息”，以适应证券交易电子化时代的需要。
第一百三十八条 证券公司应当按照规定向国务院证券监督管理机构报送业务、财务等经营管理信息和资料。国务院证券监督管理机构有权要求证券公司及其**主要**股东、实际控制人在指定的期限内提供有关信息、资料。 证券公司及其**主要**股东、实际控制人向国务院证券监督管理机构报送或者提供的信息、资料，必须真实、准确、完整。	**第一百四十八条** 证券公司应当按照规定向国务院证券监督管理机构报送业务、财务等经营管理信息和资料。国务院证券监督管理机构有权要求证券公司及其股东、实际控制人在指定的期限内提供有关信息、资料。 证券公司及其股东、实际控制人向国务院证券监督管理机构报送或者提供的信息、资料，必须真实、准确、完整。	本条由2014年《证券法》第一百四十八条修改而来。 本条规定的是信息报送。 主要修改是将“证券公司及其股东”改成了“证券公司及其主要股东”，限缩了范围。

续表

2019 年《证券法》	2014 年《证券法》	适用精解
第一百三十九条 国务院证券监督管理机构认为有必要时，可以委托会计师事务所、资产评估机构对证券公司的财务状况、内部控制状况、资产价值进行审计或者评估。具体办法由国务院证券监督管理机构会同有关主管部门制定。	**第一百四十九条** 国务院证券监督管理机构认为有必要时，可以委托会计师事务所、资产评估机构对证券公司的财务状况、内部控制状况、资产价值进行审计或者评估。具体办法由国务院证券监督管理机构会同有关主管部门制定。	本条由2014年《证券法》第一百四十九条平移而来，在内容上未作修改。 本条规定的是审计或评估。
第一百四十条 证券公司的**治理结构、合规管理**、风险控制指标不符合规定的，国务院证券监督管理机构应当责令其限期改正；逾期未改正，或者其行为严重危及该证券公司的稳健运行、损害客户合法权益的，国务院证券监督管理机构可以区别情形，对其采取下列措施： （一）限制业务活动，责令暂停部分业务，停止**核准**新业务； （二）限制分配红利，限制向董事、监事、高级管理人员支付报酬、提供福利； （三）限制转让财产或者在财产上设定其他权利； （四）责令更换董事、监事、高级管理人员或者限制其权利； **（五）撤销有关业务许可；**	**第一百五十条** 证券公司的净资本或者其他风险控制指标不符合规定的，国务院证券监督管理机构应当责令其限期改正；逾期未改正，或者其行为严重危及该证券公司的稳健运行、损害客户合法权益的，国务院证券监督管理机构可以区别情形，对其采取下列措施： （一）限制业务活动，责令暂停部分业务，停止批准新业务； （二）停止批准增设、收购营业性分支机构； （三）限制分配红利，限制向董事、监事、高级管理人员支付报酬、提供福利； （四）限制转让财产或者在财产上设定其他权利； （五）责令更换董事、监事、高级管理人	本条由2014年《证券法》第一百五十条修改而来。 本条规定的是金融监管措施。 主要修改有： 一是金融监管措施的适用前提增多了，不仅限于风险控制指标，还包括治理结构和合规管理方面。 二是金融监管措施的种类有增有减。增加了“认定负有责任的董事、监事、高级管理人员为不适当人选”，删除了“停止批准增设、收购营业性分支机构”。 三是语言方面的修改。如将“停止批准新业务”修改为“停止核准新业务”，将“责令控股股东转让股权”修改为“责令负有责任的股东转让股权”，将“限制有关股东行使股东权利”修改为“限制负有责任的股东行使股东权利”，以使表述更精确。 四是顺序方面的调整。即将“撤销有关业务许可”的顺序向前提。顺序调整后，使得前五项措施针对的是公司，后面的措施针对的是董监高或股东。 注意，金融监管措施放在本章而不是法律责任一章，这说明金融监管措施不是法律责任。

续表

2019年《证券法》	2014年《证券法》	适用精解
（六）认定负有责任的董事、监事、高级管理人员为不适当人选； （七）责令**负有责任的**股东转让股权，限制**负有责任的**股东行使股东权利。 证券公司整改后，应当向国务院证券监督管理机构提交报告。国务院证券监督管理机构经验收，**治理结构、合规管理、**风险控制指标**符合规定**的，应当自验收完毕之日起三日内解除对其采取的前款规定的有关限制措施。	员或者限制其权利； （六）责令控股股东转让股权或者限制有关股东行使股东权利； （七）撤销有关业务许可。 证券公司整改后，应当向国务院证券监督管理机构提交报告。国务院证券监督管理机构经验收，符合有关风险控制指标的，应当自验收完毕之日起三日内解除对其采取的前款规定的有关措施。	
第一百四十一条 证券公司的股东有虚假出资、抽逃出资行为的，国务院证券监督管理机构应当责令其限期改正，并可责令其转让所持证券公司的股权。 在前款规定的股东按照要求改正违法行为、转让所持证券公司的股权前，国务院证券监督管理机构可以限制其股东权利。	**第一百五十一条** 证券公司的股东有虚假出资、抽逃出资行为的，国务院证券监督管理机构应当责令其限期改正，并可责令其转让所持证券公司的股权。 在前款规定的股东按照要求改正违法行为、转让所持证券公司的股权前，国务院证券监督管理机构可以限制其股东权利。	本条由2014年《证券法》第一百五十一条平移而来，在内容上未作修改。 本条规定的是证券公司股东虚假出资、抽逃出资。
第一百四十二条 证券公司的董事、监事、高级管理人员未能勤勉尽责，致使证券公司存在重大违法违规行为或者重大风险的，国务院证券监督管理机构可以责令**证券**公司予以更换。	**第一百五十二条** 证券公司的董事、监事、高级管理人员未能勤勉尽责，致使证券公司存在重大违法违规行为或者重大风险的，国务院证券监督管理机构可以撤销其任职资格，并责令公司予以更换。	本条由2014年《证券法》第一百五十二条修改而来。 本条规定的是金融监管措施。 主要修改是删除了“撤销其任职资格”，因为本次修法废除了证券公司“董监高”的任职资格核准制，改成了备案制，这体现了时代的进步。

续表

2019年《证券法》	2014年《证券法》	适用精解
第一百四十三条 证券公司违法经营或者出现重大风险，严重危害证券市场秩序、损害投资者利益的，国务院证券监督管理机构可以对该证券公司采取责令停业整顿、指定其他机构托管、接管或者撤销等监管措施。	**第一百五十三条** 证券公司违法经营或者出现重大风险，严重危害证券市场秩序、损害投资者利益的，国务院证券监督管理机构可以对该证券公司采取责令停业整顿、指定其他机构托管、接管或者撤销等监管措施。	本条由2014年《证券法》第一百五十三条平移而来，在内容上未作修改。 本条规定的是证券公司的停业整顿、托管、接管、撤销。
第一百四十四条 在证券公司被责令停业整顿、被依法指定托管、接管或者清算期间，或者出现重大风险时，经国务院证券监督管理机构批准，可以对该证券公司直接负责的董事、监事、高级管理人员和其他直接责任人员采取以下措施： （一）通知出境**入境**管理机关依法阻止其出境； （二）申请司法机关禁止其转移、转让或者以其他方式处分财产，或者在财产上设定其他权利。	**第一百五十四条** 在证券公司被责令停业整顿、被依法指定托管、接管或者清算期间，或者出现重大风险时，经国务院证券监督管理机构批准，可以对该证券公司直接负责的董事、监事、高级管理人员和其他直接责任人员采取以下措施： （一）通知出境管理机关依法阻止其出境； （二）申请司法机关禁止其转移、转让或者以其他方式处分财产，或者在财产上设定其他权利。	本条由2014年《证券法》第一百五十四条修改而来，仅作文字上的调整。 本条规定的是边控与禁令。
第九章　证券登记结算机构	**第七章　证券登记结算机构**	**对章节序号进行了调整。**
第一百四十五条 证券登记结算机构为证券交易提供集中登记、存管与结算服务，不以营利为目的，**依法登记，取得法人资格。**	**第一百五十五条** 证券登记结算机构是为证券交易提供集中登记、存管与结算服务，不以营利为目的的法人。	本条由2014年《证券法》第一百五十五条修改而来，仅作文字上的调整。 本条规定的是证券登记结算机构的地位。

续表

2019 年《证券法》	2014 年《证券法》	适用精解
设立证券登记结算机构必须经国务院证券监督管理机构批准。	设立证券登记结算机构必须经国务院证券监督管理机构批准。	
第一百四十六条 设立证券登记结算机构，应当具备下列条件： （一）自有资金不少于人民币二亿元； （二）具有证券登记、存管和结算服务所必须的场所和设施； （三）国务院证券监督管理机构规定的其他条件。 证券登记结算机构的名称中应当标明证券登记结算字样。	**第一百五十六条** 设立证券登记结算机构，应当具备下列条件： （一）自有资金不少于人民币二亿元； （二）具有证券登记、存管和结算服务所必须的场所和设施； （三）主要管理人员和从业人员必须具有证券从业资格； （四）国务院证券监督管理机构规定的其他条件。 证券登记结算机构的名称中应当标明证券登记结算字样。	本条由2014年《证券法》第一百五十六条修改而来。 本条规定的是设立证券登记结算机构的条件。 删除了“主要管理人员和从业人员必须具有证券从业资格”这一条件。
第一百四十七条 证券登记结算机构履行下列职能： （一）证券账户、结算账户的设立； （二）证券的存管和过户； （三）证券持有人名册登记； （四）证券交易的清算和交收； （五）受发行人的委托派发证券权益； （六）办理与上述业务有关的查询、**信息服务**； （七）国务院证券监督管理机构批准的其他业务。	**第一百五十七条** 证券登记结算机构履行下列职能： （一）证券账户、结算账户的设立； （二）证券的存管和过户； （三）证券持有人名册登记； （四）证券交易所上市证券交易的清算和交收； （五）受发行人的委托派发证券权益； （六）办理与上述业务有关的查询； （七）国务院证券监督管理机构批准的其他业务。	本条由2014年《证券法》第一百五十七条修改而来。 本条规定的是证券登记结算机构的职能。 **主要修改有两处：** **一是将“证券交易所上市证券交易的清算和交收”改为“证券交易的清算和交收”，因为证券登记结算机构也为“新三板”提供登记结算服务，而在“新三板”上挂牌的公司不是上市公司，其股票不是上市证券。** **二是增加了登记结算机构的信息服务功能，以适应大数据时代的需要。**

续表

2019 年《证券法》	2014 年《证券法》	适用精解
第一百四十八条 **在证券交易所和国务院批准的其他全国性证券交易场所交易的**证券的登记结算，应当采取全国集中统一的运营方式。 **前款规定以外的证券，其登记、结算可以委托证券登记结算机构或者其他依法从事证券登记、结算业务的机构办理。**	**第一百五十八条** 证券登记结算采取全国集中统一的运营方式。	**本条由 2014 年《证券法》第一百五十八条分立、修改而来。** **本条规定的是证券登记结算机构的运营方式。** **主要修改有：** **一是将在证券交易所和国务院批准的其他全国性证券交易场所交易的证券的登记结算定位为全国集中统一的运营方式。** **二是规定前款规定以外的证券的登记、结算，可以委托证券登记结算机构或者其他依法从事证券登记、结算业务的机构办理。**
第一百四十九条 证券登记结算机构**应当依法制定**章程和业务规则，并经国务院证券监督管理机构批准。**证券登记结算业务参与人应当遵守证券登记结算机构制定的业务规则。**	证券登记结算机构章程、业务规则应当依法制定，并经国务院证券监督管理机构批准。	本条由 2014 年《证券法》第一百五十八条分立、修改而来。 本条规定的是证券登记结算机构的章程和业务规则。 主要修改是增加了证券登记结算机构制定的业务规则的法律效力。此外，还有一些文句方面的调整。
第一百五十条 在**证券交易所或者国务院批准的其他全国性证券交易场所交易的证券，**应当全部存管在证券登记结算机构。 证券登记结算机构不得挪用客户的证券。	**第一百五十九条** 证券持有人持有的证券，在上市交易时，应当全部存管在证券登记结算机构。 证券登记结算机构不得挪用客户的证券。	**本条由 2014 年《证券法》第一百五十九条修改而来。** **本条规定的是证券存管。** **主要修改是将国务院批准的其他全国性证券交易场所交易的证券也纳入其中，也应该存管在证券登记结算机构。**
第一百五十一条 证券登记结算机构应当向证券发行人提供证券持有人名册及有关资料。 证券登记结算机构应当根据证券登记结算的结果，确认证券持有	**第一百六十条** 证券登记结算机构应当向证券发行人提供证券持有人名册及其有关资料。 证券登记结算机构应当根据证券登记结算的结果，确认证券持有	本条由 2014 年《证券法》第一百六十条平移而来，在内容上未作修改。 本条规定的是证券持有人名册。

续表

2019 年《证券法》	2014 年《证券法》	适用精解
人持有证券的事实，提供证券持有人登记资料。 证券登记结算机构应当保证证券持有人名册和登记过户记录真实、准确、完整，不得隐匿、伪造、篡改或者毁损。	人持有证券的事实，提供证券持有人登记资料。 证券登记结算机构应当保证证券持有人名册和登记过户记录真实、准确、完整，不得隐匿、伪造、篡改或者毁损。	
第一百五十二条 证券登记结算机构应当采取下列措施保证业务的正常进行： （一）具有必备的服务设备和完善的数据安全保护措施； （二）建立完善的业务、财务和安全防范等管理制度； （三）建立完善的风险管理系统。	**第一百六十一条** 证券登记结算机构应当采取下列措施保证业务的正常进行： （一）具有必备的服务设备和完善的数据安全保护措施； （二）建立完善的业务、财务和安全防范等管理制度； （三）建立完善的风险管理系统。	本条由2014年《证券法》第一百六十一条平移而来，在内容上未作修改。 本条规定的是业务安全保障。
第一百五十三条 证券登记结算机构应当妥善保存登记、存管和结算的原始凭证及有关文件和资料。其保存期限不得少于二十年。	**第一百六十二条** 证券登记结算机构应当妥善保存登记、存管和结算的原始凭证及有关文件和资料。其保存期限不得少于二十年。	本条由2014年《证券法》第一百六十二条平移而来，在内容上未作修改。 本条规定的是资料保存。
第一百五十四条 证券登记结算机构应当设立证券结算风险基金，用于垫付或者弥补因违约交收、技术故障、操作失误、不可抗力造成的证券登记结算机构的损失。 证券结算风险基金从证券登记结算机构的	**第一百六十三条** 证券登记结算机构应当设立证券结算风险基金，用于垫付或者弥补因违约交收、技术故障、操作失误、不可抗力造成的证券登记结算机构的损失。 证券结算风险基金从证券登记结算机构的	本条由2014年《证券法》第一百六十三条平移而来，在内容上未作修改。 本条规定的是证券结算风险基金。

续表

2019 年《证券法》	2014 年《证券法》	适用精解
业务收入和收益中提取，并可以由结算参与人按照证券交易业务量的一定比例缴纳。 证券结算风险基金的筹集、管理办法，由国务院证券监督管理机构会同国务院财政部门规定。	业务收入和收益中提取，并可以由结算参与人按照证券交易业务量的一定比例缴纳。 证券结算风险基金的筹集、管理办法，由国务院证券监督管理机构会同国务院财政部门规定。	
第一百五十五条 证券结算风险基金应当存入指定银行的专门账户，实行专项管理。 证券登记结算机构以证券结算风险基金赔偿后，应当向有关责任人追偿。	**第一百六十四条** 证券结算风险基金应当存入指定银行的专门账户，实行专项管理。证券登记结算机构以证券结算风险基金赔偿后，应当向有关责任人追偿。	本条由2014年《证券法》第一百六十四条平移而来，在内容上未作修改。 本条规定的是证券结算风险基金。
第一百五十六条 证券登记结算机构申请解散，应当经国务院证券监督管理机构批准。	**第一百六十五条** 证券登记结算机构申请解散，应当经国务院证券监督管理机构批准。	本条由2014年《证券法》第一百六十五条平移而来，在内容上未作修改。 本条规定的是证券登记结算的解散。
第一百五十七条 投资者委托证券公司进行证券交易，应当**通过证券公司**申请**在证券登记结算机构**开立证券账户。证券登记结算机构应当按照规定为投资者开立证券账户。 投资者申请开立账户，应当持有证明**中华人民共和国**公民、法人、**合伙企业身份**的合法证件。国家另有规定的除外。	**第一百六十六条** 投资者委托证券公司进行证券交易，应当申请开立证券账户。证券登记结算机构应当按照规定以投资者本人的名义为投资者开立证券账户。 投资者申请开立账户，必须持有证明中国公民身份或者中国法人资格的合法证件。国家另有规定的除外。	**本条由2014年《证券法》第一百六十六条修改而来。** **本条规定的是证券账户的开立。** **主要修改是开户需要通过证券公司申请在证券登记结算机构开立证券账户，以及明确了身份证件的名称。** 这一修改体现了严厉杜绝以HOMS为代表的场外配资软件系统的态度。 删除了“以投资者本人的名义”，因为在新《证券法》第一百零六条已经明确规定了实名制，这里不必重复。

续表

2019 年《证券法》	2014 年《证券法》	适用精解
第一百五十八条 **证券登记结算机构作为中央对手方提供证券结算服务的，是结算参与人共同的清算交收对手，进行净额结算，为证券交易提供集中履约保障。** 证券登记结算机构为证券交易提供净额结算服务时，应当要求结算参与人按照货银对付的原则，足额交付证券和资金，并提供交收担保。 在交收完成之前，任何人不得动用用于交收的证券、资金和担保物。 结算参与人未按时履行交收义务的，证券登记结算机构有权按照业务规则处理前款所述财产。	**第一百六十七条** 证券登记结算机构为证券交易提供净额结算服务时，应当要求结算参与人按照货银对付的原则，足额交付证券和资金，并提供交收担保。 在交收完成之前，任何人不得动用用于交收的证券、资金和担保物。 结算参与人未按时履行交收义务的，证券登记结算机构有权按照业务规则处理前款所述财产。	本条由2014年《证券法》第一百六十七条修改而来。 本条规定的是结算原则。 主要修改是新增一款作为第一款：证券登记结算机构作为中央对手方提供证券结算服务的，是结算参与人共同的清算交收对手，进行净额结算，为证券交易提供集中履约保障。 所谓中央对手方，是指根据统一的规则和程序，将自己置于证券交易或其他与金融工具有关的合同双方之间，并成为每一个卖方的买方，或每一个买方的卖方的机构。 只有证券登记结算机构作为中央对手方提供证券结算服务的，才是结算参与人共同的清算交收对手。 其他条款没有变化。需要解释的是，货银对付是指证券登记结算机构与结算参与人在交收过程中，当且仅当资金交付时给付证券、证券交付时给付资金。
第一百五十九条 证券登记结算机构按照业务规则收取的各类结算资金和证券，必须存放于专门的清算交收账户，只能按业务规则用于已成交的证券交易的清算交收，不得被强制执行。	**第一百六十八条** 证券登记结算机构按照业务规则收取的各类结算资金和证券，必须存放于专门的清算交收账户，只能按业务规则用于已成交的证券交易的清算交收，不得被强制执行。	本条由2014年《证券法》第一百六十八条平移而来，在内容上未作修改。 本条规定的是清算交收。

续表

2019年《证券法》	2014年《证券法》	适用精解
第十章 证券服务机构	**第八章 证券服务机构**	对章节序号进行了调整。
第一百六十条 会计师事务所、律师事务所以及从事证券投资咨询、资产评估、资信评级、财务顾问、信息技术系统服务的证券服务机构，应当勤勉尽责、恪尽职守，按照相关业务规则为证券的交易及相关活动提供服务。 **从事证券投资咨询服务业务，应当经国务院证券监督管理机构核准；未经核准，不得为证券的交易及相关活动提供服务。从事其他证券服务业务，应当报国务院证券监督管理机构和国务院有关主管部门备案。**	**第一百六十九条** 投资咨询机构、财务顾问机构、资信评级机构、资产评估机构、会计师事务所从事证券服务业务，必须经国务院证券监督管理机构和有关主管部门批准。 投资咨询机构、财务顾问机构、资信评级机构、资产评估机构、会计师事务所从事证券服务业务的审批管理办法，由国务院证券监督管理机构和有关主管部门制定。	本条由2014年《证券法》第一百六十九条修改而来。 本条规定的是证券服务机构的范围和准入机制。 主要修改有： 一是在证券服务机构的范围方面，明确证券服务机构包括会计师事务所、律师事务所以及从事证券投资咨询、资产评估、资信评级、财务顾问、信息技术系统服务的证券服务机构。比修法前增加了财务顾问机构、信息技术系统服务机构。 二是明确了证券服务机构的义务，即应当勤勉尽责、恪尽职守，按照相关业务规则为证券的交易及相关活动提供服务。 三是改革了证券服务机构进入证券市场提供服务的机制，除对证券投资咨询服务机构实施核准制之外，其他均实行备案制，体现了简政放权的精神。 相关法律法规：《证券、期货投资咨询管理暂行办法》（证委发〔1997〕96号）。
	第一百七十条 投资咨询机构、财务顾问机构、资信评级机构从事证券服务业务的人员，必须具备证券专业知识和从事证券业务或者证券服务业务二年以上经验。认定其证券从业资格的标准和管理办法，由国务院证券监督管理机构制定。	2014年《证券法》第一百七十条已被删除。 这些证券服务机构从业人员的资格管理已下放给行业协会进行自律管理。

续表

2019年《证券法》	2014年《证券法》	适用精解
第一百六十一条 **证券**投资咨询机构及其从业人员从事证券服务业务不得有下列行为： （一）代理委托人从事证券投资； （二）与委托人约定分享证券投资收益或者分担证券投资损失； （三）买卖本**证券**投资咨询机构提供服务的**证券**； （四）法律、行政法规禁止的其他行为。 有前款所列行为之一，给投资者造成损失的，**应当**依法承担赔偿责任。	**第一百七十一条** 投资咨询机构及其从业人员从事证券服务业务不得有下列行为： （一）代理委托人从事证券投资； （二）与委托人约定分享证券投资收益或者分担证券投资损失； （三）买卖本咨询机构提供服务的上市公司股票； （四）利用传播媒介或者通过其他方式提供、传播虚假或者误导投资者的信息； （五）法律、行政法规禁止的其他行为。 有前款所列行为之一，给投资者造成损失的，依法承担赔偿责任。	本条由2014年《证券法》第一百七十一条修改而来。 本条规定的是证券投资咨询机构的行为。 主要修改有： 一是将“投资咨询机构”修改为“证券投资咨询机构”，以使称谓更准确。 二是将“上市公司股票”修改为“证券”，以适应多层次资本市场的发展。 三是删除了“利用传播媒介或者通过其他方式提供、传播虚假或者误导投资者的信息”，因为相关内容已经调整到新《证券法》第五十六条第一款：“禁止任何单位和个人编造、传播虚假信息或者误导性信息，扰乱证券市场。”
第一百六十二条 证券服务机构应当妥善保存客户委托文件、核查和验证资料、工作底稿以及与质量控制、内部管理、业务经营有关的信息和资料，任何人不得泄露、隐匿、伪造、篡改或者毁损。上述信息和资料的保存期限不得少于十年，自业务委托结束之日起算。		本条为新增条文。 本条规定了证券服务机构的信息和资料的保存义务和保存期限。

续表

2019年《证券法》	2014年《证券法》	适用精解
第一百六十三条 证券服务机构为证券的发行、上市、交易等证券业务活动制作、出具审计报告**及其他鉴证报告**、资产评估报告、财务顾问报告、资信评级报告或者法律意见书等文件，应当勤勉尽责，对所依据的文件资料内容的真实性、准确性、完整性进行核查和验证。其制作、出具的文件有虚假记载、误导性陈述或者重大遗漏，给他人造成损失的，应当与**委托人**承担连带赔偿责任，但是能够证明自己没有过错的除外。	**第一百七十三条** 证券服务机构为证券的发行、上市、交易等证券业务活动制作、出具审计报告、资产评估报告、财务顾问报告、资信评级报告或者法律意见书等文件，应当勤勉尽责，对所依据的文件资料内容的真实性、准确性、完整性进行核查和验证。其制作、出具的文件有虚假记载、误导性陈述或者重大遗漏，给他人造成损失的，应当与发行人、上市公司承担连带赔偿责任，但是能够证明自己没有过错的除外。	本条由2014年《证券法》第一百七十三条修改而来。 本条规定的是证券服务机构的法律义务和法律责任。 主要修改有： 一是将会计师事务所出具的“审计报告”扩展到“审计报告及其他鉴证报告”，以更加切合实践中的具体做法。 二是将“发行人、上市公司”扩展为“委托人”。
第十一章　证券业协会	**第九章　证券业协会**	对章节序号进行了调整。
第一百六十四条 证券业协会是证券业的自律性组织，是社会团体法人。 证券公司应当加入证券业协会。 证券业协会的权力机构为全体会员组成的会员大会。	**第一百七十四条** 证券业协会是证券业的自律性组织，是社会团体法人。 证券公司应当加入证券业协会。 证券业协会的权力机构为全体会员组成的会员大会。	本条由2014年《证券法》第一百七十四条平移而来，在内容上未作修改。 本条规定的是证券业协会的法律地位。
第一百六十五条 证券业协会章程由会员大会制定，并报国务院证券监督管理机构备案。	**第一百七十五条** 证券业协会章程由会员大会制定，并报国务院证券监督管理机构备案。	本条由2014年《证券法》第一百七十五条平移而来，在内容上未作修改。 本条规定的是证券业协会章程。

续表

2019年《证券法》	2014年《证券法》	适用精解
第一百六十六条 证券业协会履行下列职责： （一）教育和组织会员**及其从业人员**遵守证券法律、行政法规，**组织开展证券行业诚信建设，督促证券行业履行社会责任**； （二）依法维护会员的合法权益，向证券监督管理机构反映会员的建议和要求； **（三）督促会员开展投资者教育和保护活动，维护投资者合法权益**； （四）制定**和实施证券行业自律规则**，监督、检查会员及其从业人员行为，对违反法律、行政法规、自律规则或者协会章程的，按照规定给予纪律处分**或者实施其他自律管理措施**； （五）制定证券行业业务规范，组织从业人员的业务培训； （六）组织会员就证券行业的发展、运作及有关内容进行研究，收集整理、发布证券相关信息，提供会员服务，组织行业交流，引导行业创新发展； （七）对会员之间、会员与客户之间发生的证券业务纠纷进行调解； （八）证券业协会章程规定的其他职责。	**第一百七十六条** 证券业协会履行下列职责： （一）教育和组织会员遵守证券法律、行政法规； （二）依法维护会员的合法权益，向证券监督管理机构反映会员的建议和要求； （三）收集整理证券信息，为会员提供服务； （四）制定会员应遵守的规则，组织会员单位的从业人员的业务培训，开展会员间的业务交流； （五）对会员之间、会员与客户之间发生的证券业务纠纷进行调解； （六）组织会员就证券业的发展、运作及有关内容进行研究； （七）监督、检查会员行为，对违反法律、行政法规或者协会章程的，按照规定给予纪律处分； （八）证券业协会章程规定的其他职责。	本条由2014年《证券法》第一百七十六条修改而来。 本条规定的是证券业协会的职责。 主要修改有： 一是将“教育和组织会员遵守证券法律、行政法规”的法治教育职责扩张为“教育和组织会员及其从业人员遵守证券法律、行政法规，组织开展证券行业诚信建设，督促证券行业履行社会责任”等更为广泛的职责。 二是增加“督促会员开展投资者教育和保护活动，维护投资者合法权益”的职责。 三是将“监督、检查会员行为，对违反法律、行政法规或者协会章程的，按照规定给予纪律处分”修改为“制定和实施证券行业自律规则，监督、检查会员及其从业人员行为，对违反法律、行政法规、自律规则或者协会章程的，按照规定给予纪律处分或者实施其他自律管理措施”。 四是将“收集整理证券信息，为会员提供服务”以及“组织会员就证券业的发展、运作及有关内容进行研究”修改为“组织会员就证券行业的发展、运作及有关内容进行研究，收集整理、发布证券相关信息，提供会员服务，组织行业交流，引导行业创新发展”等更为广泛的职责。

续表

2019 年《证券法》	2014 年《证券法》	适用精解
第一百六十七条 证券业协会设理事会。理事会成员依章程的规定由选举产生。	**第一百七十七条** 证券业协会设理事会。理事会成员依章程的规定由选举产生。	本条由 2014 年《证券法》第一百七十七条平移而来，在内容上未作修改。 本条规定的是证券业协会的理事会。
第十二章　证券监督管理机构	**第十章　证券监督管理机构**	对章节序号进行了调整。
第一百六十八条 国务院证券监督管理机构依法对证券市场实行监督管理，维护证券市场**公开、公平、公正，防范系统性风险，维护投资者合法权益，促进证券市场健康发展。**	**第一百七十八条** 国务院证券监督管理机构依法对证券市场实行监督管理，维护证券市场秩序，保障其合法运行。	本条由 2014 年《证券法》第一百七十八条修改而来。 本条规定的是国务院证券监督管理机构的目标。 本条重新表述了国务院证券监督管理机构的目标： ——维护证券市场公开、公平、公正； ——防范系统性风险； ——维护投资者合法权益； ——促进证券市场健康发展。
第一百六十九条 国务院证券监督管理机构在对证券市场实施监督管理中履行下列职责： （一）依法制定有关证券市场监督管理的规章、规则，并依法**进行审批、核准、注册，办理备案；** （二）依法对证券的发行、上市、交易、登记、存管、结算等行为，进行监督管理； （三）依法对证券发行人、证券公司、证券服务机构、证券交易**场**所、证券登记结算机构的证券业务活动，进行监督管理；	**第一百七十九条** 国务院证券监督管理机构在对证券市场实施监督管理中履行下列职责： （一）依法制定有关证券市场监督管理的规章、规则，并依法行使审批或者核准权； （二）依法对证券的发行、上市、交易、登记、存管、结算，进行监督管理； （三）依法对证券发行人、上市公司、证券公司、证券投资基金管理公司、证券服务机构、证券交易所、证券登记结算机构的证券业务活动，进行监督管理；	本条由 2014 年《证券法》第一百七十九条修改而来。 本条规定的是国务院证券监督管理机构的职责。 主要修改是增加了两项职责： ——依法监测并防范、处置证券市场风险； ——依法开展投资者教育。 在本条中删除了跨境监管，调整到新《证券法》第一百七十七条。 此外，国务院证券监督管理机构不再制定证券业务人员的资格标准。 还有一些文字性表述的调整。

续表

2019年《证券法》	2014年《证券法》	适用精解
（四）依法制定从事证券业务人员的**行为准则**，并监督实施； （五）依法监督检查证券发行、上市、交易的**信息披露**； （六）依法对证券业协会的**自律管理**活动进行指导和监督； **（七）依法监测并防范、处置证券市场风险；** **（八）依法开展投资者教育；** （九）依法对**证券违法行为**进行查处； （十）法律、行政法规规定的其他职责。	（四）依法制定从事证券业务人员的资格标准和行为准则，并监督实施； （五）依法监督检查证券发行、上市和交易的信息公开情况； （六）依法对证券业协会的活动进行指导和监督； （七）依法对违反证券市场监督管理法律、行政法规的行为进行查处； （八）法律、行政法规规定的其他职责。 国务院证券监督管理机构可以和其他国家或者地区的证券监督管理机构建立监督管理合作机制，实施跨境监督管理。	
第一百七十条 国务院证券监督管理机构依法履行职责，有权采取下列措施： （一）对证券发行人、证券公司、证券服务机构、证券交易**场所**、证券登记结算机构进行现场检查； （二）进入涉嫌违法行为发生场所调查取证； （三）询问当事人和与被调查事件有关的单位和个人，要求其对与被调查事件有关的事	**第一百八十条** 国务院证券监督管理机构依法履行职责，有权采取下列措施： （一）对证券发行人、上市公司、证券公司、证券投资基金管理公司、证券服务机构、证券交易所、证券登记结算机构进行现场检查； （二）进入涉嫌违法行为发生场所调查取证； （三）询问当事人和与被调查事件有关的	本条由2014年《证券法》第一百八十条修改而来。 本条规定的是国务院证券监督管理机构的调查权力。 主要修改有： 一是增加要求当事人和与被调查事件有关的单位和个人按照指定的方式报送与被调查事件有关的文件和资料的权力。 二是增加对可能被转移、隐匿或者毁损的文件和资料的扣押权。 三是增加查询当事人和与被调查事件有关的单位和个人其他具有支付、托管、结算等功能的账户信息的权力。 四是增加对有关账户文件和资料进行复制的权力。

续表

2019年《证券法》	2014年《证券法》	适用精解
项作出说明；**或者要求其按照指定的方式报送与被调查事件有关的文件和资料；** （四）查阅、复制与被调查事件有关的财产权登记、通讯记录等文件和资料； （五）查阅、复制当事人和与被调查事件有关的单位和个人的证券交易记录、登记过户记录、财务会计资料及其他相关文件和资料；对可能被转移、隐匿或者毁损的文件和资料，可以予以封存、**扣押**； （六）查询当事人和与被调查事件有关的单位和个人的资金账户、证券账户、银行账户**以及其他具有支付、托管、结算等功能的账户信息，可以对有关文件和资料进行复制**；对有证据证明已经或者可能转移或者隐匿违法资金、证券等涉案财产或者隐匿、伪造、毁损重要证据的，经国务院证券监督管理机构主要负责人**或者其授权的其他负责人批准**，可以冻结或者查封，**期限为六个月；因特殊原因需要延长的，每次延长期限不得超过三个月，冻结、查封期限最长不得超过二年；**	单位和个人，要求其对与被调查事件有关的事项作出说明； （四）查阅、复制与被调查事件有关的财产权登记、通讯记录等资料； （五）查阅、复制当事人和与被调查事件有关的单位和个人的证券交易记录、登记过户记录、财务会计资料及其他相关文件和资料；对可能被转移、隐匿或者毁损的文件和资料，可以予以封存； （六）查询当事人和与被调查事件有关的单位和个人的资金账户、证券账户和银行账户；对有证据证明已经或者可能转移或者隐匿违法资金、证券等涉案财产或者隐匿、伪造、毁损重要证据的，经国务院证券监督管理机构主要负责人批准，可以冻结或者查封；	五是冻结、查封违法资金、证券等涉案财产和重要证据时，以及限制被调查的当事人的证券买卖时，批准的主体由“国务院证券监督管理机构主要负责人”扩大到“国务院证券监督管理机构主要负责人或者其授权的其他负责人”。 六是规定了冻结或者查封违法资金、证券等涉案财产和重要证据的期限。期限为六个月；因特殊原因需要延长的，每次延长期限不得超过三个月，最长不得超过二年。 七是延长了限制被调查的当事人的证券买卖的期限：从不得超过“十五个交易日”修改为不得超过“三个月”；案情复杂的，从可以延长“十五个交易日”修改为可以延长“三个月”。 八是增加了通知出境入境管理机关依法阻止涉嫌违法人员、涉嫌违法单位的主管人员和其他直接责任人员出境的权力。 此外，还增加了一款作为第二款：为防范证券市场风险，维护市场秩序，国务院证券监督管理机构可以采取责令改正、监管谈话、出具警示函等措施。但遗憾的是，这里没有列明采取监管措施的对象。 总之，国务院证券监督管理机构的调查权力得到了强化。

续表

2019 年《证券法》	2014 年《证券法》	适用精解
（七）在调查操纵证券市场、内幕交易等重大证券违法行为时，经国务院证券监督管理机构主要负责人**或者其授权的其他负责人**批准，可以限制被调查的当事人的证券买卖，但限制的期限不得超过**三个月**；案情复杂的，可以延长**三个月**； **（八）通知出境入境管理机关依法阻止涉嫌违法人员、涉嫌违法单位的主管人员和其他直接责任人员出境。** **为防范证券市场风险，维护市场秩序，国务院证券监督管理机构可以采取责令改正、监管谈话、出具警示函等措施。**	（七）在调查操纵证券市场、内幕交易等重大证券违法行为时，经国务院证券监督管理机构主要负责人批准，可以限制被调查事件当事人的证券买卖，但限制的期限不得超过十五个交易日；案情复杂的，可以延长十五个交易日。	
第一百七十一条 国务院证券监督管理机构对涉嫌证券违法的单位或者个人进行调查期间，被调查的当事人书面申请，承诺在国务院证券监督管理机构认可的期限内纠正涉嫌违法行为，赔偿有关投资者损失，消除损害或者不良影响的，国务院证券监督管理机构可以决定中止调查。被调查的当事人履行承诺的，国务院证券监督管理机构可以决定终止调查；被调		本条为新增条文。 本条规定的是行政和解。 在一些查处难度大、执法成本高的疑难复杂案件中，通过行政和解，不仅有助于提高执法效率、节约和优化行政资源，也有助于降低行政争议，是除行政处罚执法方式外的一种有益尝试。 **相关法律法规**：《行政和解试点实施办法》（中国证券监督管理委员会令第 114 号）。

续表

2019 年《证券法》	2014 年《证券法》	适用精解
查的当事人未履行承诺或者有国务院规定的其他情形的，应当恢复调查。具体办法由国务院规定。 国务院证券监督管理机构决定中止或者终止调查的，应当按照规定公开相关信息。		
第一百七十二条 国务院证券监督管理机构依法履行职责，进行监督检查或者调查，其监督检查、调查的人员不得少于二人，并应当出示合法证件和监督检查、调查通知书**或者其他执法文书**。监督检查、调查的人员少于二人或者未出示合法证件和监督检查、调查通知书**或者其他执法文书**的，被检查、调查的单位**和个人**有权拒绝。	**第一百八十一条** 国务院证券监督管理机构依法履行职责，进行监督检查或者调查，其监督检查、调查的人员不得少于二人，并应当出示合法证件和监督检查、调查通知书。监督检查、调查的人员少于二人或者未出示合法证件和监督检查、调查通知书的，被检查、调查的单位有权拒绝。	**本条由2014年《证券法》第一百八十一条修改而来，主要是一些文字性的调整，调整后更为周延。** **本条规定的是国务院证券监督管理机构的监督检查或者调查。**
第一百七十三条 国务院证券监督管理机构依法履行职责，被检查、调查的单位和个人应当配合，如实提供有关文件和资料，不得拒绝、阻碍和隐瞒。	**第一百八十三条** 国务院证券监督管理机构依法履行职责，被检查、调查的单位和个人应当配合，如实提供有关文件和资料，不得拒绝、阻碍和隐瞒。	本条由2014年《证券法》第一百八十三条平移而来，在内容上未作修改。 本条规定的是被检查、调查的单位和个人的义务。
第一百七十四条 国务院证券监督管理机构制定的规章、规则和监督管理工作制度应当**依法**公开。	**第一百八十四条** 国务院证券监督管理机构依法制定的规章、规则和监督管理工作制度应当公开。	本条由2014年《证券法》第一百八十四条修改而来，仅作了文字方面的调整。 本条规定的是政府信息公开。

续表

2019 年《证券法》	2014 年《证券法》	适用精解
国务院证券监督管理机构依据调查结果，对证券违法行为作出的处罚决定，应当公开。	国务院证券监督管理机构依据调查结果，对证券违法行为作出的处罚决定，应当公开。	
第一百七十五条 国务院证券监督管理机构应当与国务院其他金融监督管理机构建立监督管理信息共享机制。 国务院证券监督管理机构依法履行职责，进行监督检查或者调查时，有关部门应当予以配合。	**第一百八十五条** 国务院证券监督管理机构应当与国务院其他金融监督管理机构建立监督管理信息共享机制。 国务院证券监督管理机构依法履行职责，进行监督检查或者调查时，有关部门应当予以配合。	本条由2014年《证券法》第一百八十五条平移而来，在内容上未作修改。 本条规定的是金融监管协调机制。
第一百七十六条 对涉嫌证券违法、违规行为，任何单位和个人有权向国务院证券监督管理机构举报。 **对涉嫌重大违法、违规行为的实名举报线索经查证属实的，国务院证券监督管理机构按照规定给予举报人奖励。** **国务院证券监督管理机构应当对举报人的身份信息保密。**		本条为新增条文。 第一款规定了公民的举报权。 第二款规定了奖励举报制。 第三款规定了国务院证券监督管理机构对举报人身份信息的保密义务。
第一百七十七条 国务院证券监督管理机构可以和其他国家或者地区的证券监督管理机构建立监督管理合作机制，实施跨境监督管理。 **境外证券监督管理机构不得在中华人民共和国境内直接进行调查**		本条第一款由2014年《证券法》第一百七十九条第二款平移而来。 **本条第二款为新增条款。这一款有两层含义：** **——境外证券监督管理机构不得在中华人民共和国境内直接进行调查取证等活动。** **——未经国务院证券监督管理机构和国务院有关主管部门同意，任何单位和个人不得擅自向境外提供与证券业务活动有关的文件和资料。**

续表

2019 年《证券法》	2014 年《证券法》	适用精解
取证等活动。未经国务院证券监督管理机构和国务院有关主管部门同意，任何单位和个人不得擅自向境外提供与证券业务活动有关的文件和资料。		
第一百七十八条 国务院证券监督管理机构依法履行职责，发现证券违法行为涉嫌犯罪的，应当**依法**将案件移送司法机关处理；**发现公职人员涉嫌职务违法或者职务犯罪的，应当依法移送监察机关处理。**	**第一百八十六条** 国务院证券监督管理机构依法履行职责，发现证券违法行为涉嫌犯罪的，应当将案件移送司法机关处理。	本条由2014年《证券法》第一百八十六条修改而来。 本条规定的是案件移送司法。 除一处文字性的调整外，本条增加规定：发现公职人员涉嫌职务违法或者职务犯罪的，应当依法移送监察机关处理。
第一百七十九条 **国务院证券监督管理机构工作人员必须忠于职守、依法办事、公正廉洁，不得利用职务便利牟取不正当利益，不得泄露所知悉的有关单位和个人的商业秘密。** 国务院证券监督管理机构工作人员**在任职期间，或者离职后在《中华人民共和国公务员法》规定的期限内，不得到与原工作业务直接相关的企业或者其他营利性组织任职，不得从事与原工作业务直接相关的营利性活动。**	**第一百八十七条** 国务院证券监督管理机构的人员不得在被监管的机构中任职。	本条由2014年《证券法》第一百八十七条修改而来。 本条规定的是国务院证券监督管理机构工作人员的义务。 第一款为新增条款，国务院证券监督管理机构工作人员必须忠于职守、依法办事、公正廉洁，不得利用职务便利牟取不正当利益，不得泄露所知悉的有关单位和个人的商业秘密。 第二款增加规定，国务院证券监督管理机构工作人员离职后，在《中华人民共和国公务员法》规定的期限内，不得到与原工作业务直接相关的企业或者其他营利性组织任职，不得从事与原工作业务直接相关的营利性活动。 相关法律法规：《中华人民共和国公务员法》（2018年12月29日修订）、《中国证监会工作人员行为准则》（证监发〔2009〕82号）。

续表

2019年《证券法》	2014年《证券法》	适用精解
第十三章　法律责任	**第十一章　法律责任**	对章节序号进行了调整。
第一百八十条　违反本法第九条的规定，擅自公开或者变相公开发行证券的，责令停止发行，退还所募资金并加算银行同期存款利息，处以非法所募资金金额**百分之五以上百分之五十**以下的罚款；对擅自公开或者变相公开发行证券设立的公司，由依法履行监督管理职责的机构或者部门会同县级以上地方人民政府予以取缔。对直接负责的主管人员和其他直接责任人员给予警告，并处以**五十万元以上五百万元**以下的罚款。	**第一百八十八条**　未经法定机关核准，擅自公开或者变相公开发行证券的，责令停止发行，退还所募资金并加算银行同期存款利息，处以非法所募资金金额百分之一以上百分之五以下的罚款；对擅自公开或者变相公开发行证券设立的公司，由依法履行监督管理职责的机构或者部门会同县级以上地方人民政府予以取缔。对直接负责的主管人员和其他直接责任人员给予警告，并处以三万元以上三十万元以下的罚款。	本条由2014年《证券法》第一百八十八条修改而来。 本条规定的是擅自公开或者变相公开发行证券的法律责任。 除文字性修改外，主要是提高了罚款额度：由“处以非法所募资金金额百分之一以上百分之五以下的罚款”修改为“处以非法所募资金金额百分之五以上百分之五十以下的罚款”，由“处以三万元以上三十万元以下的罚款”修改为“处以五十万元以上五百万元以下的罚款”。 相关法律法规：《国务院办公厅关于严厉打击非法发行股票和非法经营证券业务有关问题的通知》（国办发〔2006〕99号）、《最高人民法院、最高人民检察院、公安部、证监会关于整治非法证券活动有关问题的通知》（证监发〔2008〕1号）。
第一百八十一条　发行人**在其公告的证券发行文件中隐瞒重要事实或者编造重大虚假内容，**尚未发行证券的，处以**二百万元以上二千万元以下**的罚款；已经发行证券的，处以非法所募资金金额**百分之十以上一倍以下**的罚款。对直接负责的主管人员和其他直接责任人员，处以**一百万元以上一千万元以下**的罚款。 发行人的控股股东、实际控制人**组织、**指使从事前款违法行为的，**没收违法所得，并**	**第一百八十九条**　发行人不符合发行条件，以欺骗手段骗取发行核准，尚未发行证券的，处以三十万元以上六十万元以下的罚款；已经发行证券的，处以非法所募资金金额百分之一以上百分之五以下的罚款。对直接负责的主管人员和其他直接责任人员处以三万元以上三十万元以下的罚款。 发行人的控股股东、实际控制人指使从事前款违法行为的，依照前款的规定处罚。	本条由2014年《证券法》第一百八十九条修改而来。 本条规定的是欺诈发行证券的法律责任。 主要修改有： 一是将“以欺骗手段骗取发行核准”修改为发行人“在其公告的证券发行文件中隐瞒重要事实或者编造重大虚假内容”。修改后使得欺诈发行证券的含义更精确。 二是提高了罚款额度，丰富和健全了惩罚体系。 三是作了一些文字性修改。

续表

2019 年《证券法》	2014 年《证券法》	适用精解
处以违法所得百分之十以上一倍以下的罚款；没有违法所得或者违法所得不足二千万元的，处以二百万元以上二千万元以下的罚款。对直接负责的主管人员和其他直接责任人员，处以一百万元以上一千万元以下的罚款。		
第一百八十二条 保荐人出具有虚假记载、误导性陈述或者重大遗漏的保荐书，或者不履行其他法定职责的，责令改正，给予警告，没收业务收入，并处以业务收入一倍以上**十倍**以下的罚款；**没有业务收入或者业务收入不足一百万元的，处以一百万元以上一千万元以下的罚款**；情节严重的，**并处暂停或者撤销保荐业务许可**。对直接负责的主管人员和其他直接责任人员给予警告，并处以**五十万元以上五百万元**以下的罚款。	**第一百九十二条** 保荐人出具有虚假记载、误导性陈述或者重大遗漏的保荐书，或者不履行其他法定职责的，责令改正，给予警告，没收业务收入，并处以业务收入一倍以上五倍以下的罚款；情节严重的，暂停或者撤销相关业务许可。对直接负责的主管人员和其他直接责任人员给予警告，并处以三万元以上三十万元以下的罚款；情节严重的，撤销任职资格或者证券从业资格。	本条由 2014 年《证券法》第一百九十二条修改而来。 本条规定的是保荐人虚假陈述的法律责任。 修改主要是提高了罚款额度。
第一百八十三条 证券公司承销或者**销售**擅自公开发行或者变相公开发行的证券的，责令停止承销或者**销售**，没收违法所得，并处以违法所得一倍以上**十倍**以下的罚款；没有违法所得或者违法所得不足	**第一百九十条** 证券公司承销或者代理买卖未经核准擅自公开发行的证券的，责令停止承销或者代理买卖，没收违法所得，并处以违法所得一倍以上五倍以下的罚款；没有违法所得或者违法所得不足三	本条由 2014 年《证券法》第一百九十条修改而来。 本条规定的是违法承销的法律责任。 修改主要是提高了罚款额度，此外，还引入了“暂停或者撤销相关业务许可”，以及一些文字性的修改。

续表

2019 年《证券法》	2014 年《证券法》	适用精解
一百万元的，处以**一百万元以上一千万元以下**的罚款；情节严重的，**并处暂停或者撤销相关业务许可**。给投资者造成损失的，应当与发行人承担连带赔偿责任。对直接负责的主管人员和其他直接责任人员给予警告，并处以**五十万元以上五百万元以下**的罚款。	十万元的，处以三十万元以上六十万元以下的罚款。给投资者造成损失的，应当与发行人承担连带赔偿责任。对直接负责的主管人员和其他直接责任人员给予警告，撤销任职资格或者证券从业资格，并处以三万元以上三十万元以下的罚款。	
第一百八十四条 证券公司承销证券违反本法**第二十九条**规定的，责令改正，给予警告，没收违法所得，可以并处**五十万元以上五百万元**以下的罚款；情节严重的，暂停或者撤销相关业务许可。对直接负责的主管人员和其他直接责任人员给予警告，可以并处**二十万元以上二百万元**以下的罚款；情节严重的，并处以**五十万元以上五百万元**以下的罚款。	**第一百九十一条** 证券公司承销证券，有下列行为之一的，责令改正，给予警告，没收违法所得，可以并处三十万元以上六十万元以下的罚款；情节严重的，暂停或者撤销相关业务许可。给其他证券承销机构或者投资者造成损失的，依法承担赔偿责任。对直接负责的主管人员和其他直接责任人员给予警告，可以并处三万元以上三十万元以下的罚款；情节严重的，撤销任职资格或者证券从业资格： （一）进行虚假的或者误导投资者的广告或者其他宣传推介活动； （二）以不正当竞争手段招揽承销业务； （三）其他违反证券承销业务规定的行为。	本条由 2014 年《证券法》第一百九十一条修改而来。 本条规定的是违法承销的法律责任。 修改主要是提高了罚款额度，此外，还有一些文字性的修改。

续表

2019年《证券法》	2014年《证券法》	适用精解
第一百八十五条 发行人**违反本法第十四条、第十五条的规定**擅自改变公开发行证券所募集资金的用途的，责令改正，**处以五十万元以上五百万元以下的罚款**；对直接负责的主管人员和其他直接责任人员给予警告，并处以**十万元以上一百万元以下**的罚款。 **发行人的**控股股东、实际控制人**从事或者组织、**指使从事前款违法行为的，给予警告，并处以**五十万元以上五百万元以下**的罚款；对直接负责的主管人员和其他直接责任人员，处以**十万元以上一百万元以下**的罚款。	**第一百九十四条** 发行人、上市公司擅自改变公开发行证券所募集资金的用途的，责令改正，对直接负责的主管人员和其他直接责任人员给予警告，并处以三万元以上三十万元以下的罚款。 发行人、上市公司的控股股东、实际控制人指使从事前款违法行为的，给予警告，并处以三十万元以上六十万元以下的罚款。对直接负责的主管人员和其他直接责任人员依照前款的规定处罚。	本条由2014年《证券法》第一百九十四条修改而来。 本条规定的是擅自改变募集资金用途的法律责任。 修改主要是提高了罚款额度，此外，还有一些文字性的修改。
	第一百九十八条 违反本法规定，聘任不具有任职资格、证券从业资格的人员的，由证券监督管理机构责令改正，给予警告，可以并处十万元以上三十万元以下的罚款；对直接负责的主管人员给予警告，可以并处三万元以上十万元以下的罚款。	2014年《证券法》第一百九十八条已被删除。

续表

2019 年《证券法》	2014 年《证券法》	适用精解
	第二百条 证券交易所、证券公司、证券登记结算机构、证券服务机构的从业人员或者证券业协会的工作人员，故意提供虚假资料，隐匿、伪造、篡改或者毁损交易记录，诱骗投资者买卖证券的，撤销证券从业资格，并处以三万元以上十万元以下的罚款；属于国家工作人员的，还应当依法给予行政处分。	2014 年《证券法》第二百条已被删除。
第一百八十六条 违反**本法第三十六条的规定，**在限制转让期内转让证券，**或者转让股票不符合法律、行政法规和国务院证券监督管理机构规定的，**责令改正，给予警告，**没收违法所得，**并处以买卖证券等值以下的罚款。	**第二百零四条** 违反法律规定，在限制转让期限内买卖证券的，责令改正，给予警告，并处以买卖证券等值以下的罚款。对直接负责的主管人员和其他直接责任人员给予警告，并处以三万元以上三十万元以下的罚款。	本条由 2014 年《证券法》第二百零四条修改而来。 本条规定的是违规转让证券的法律责任。 修改主要是将违规转让证券所得界定为“违法所得”，并可予以没收。
第一百八十七条 法律、行政法规规定禁止参与股票交易的人员，**违反本法第四十条的规定，**直接或者以化名、借他人名义持有、买卖股票**或者其他具有股权性质的证券的，**责令依法处理非法持有的股票、**其他具有股权性质的证券，**没收违法所得，并处以买卖证券等值以下的罚款；属于国家工作人员的，还应当依法给予**处分**。	**第一百九十九条** 法律、行政法规规定禁止参与股票交易的人员，直接或者以化名、借他人名义持有、买卖股票的，责令依法处理非法持有的股票，没收违法所得，并处以买卖股票等值以下的罚款；属于国家工作人员的，还应当依法给予行政处分。	本条由 2014 年《证券法》第一百九十九条修改而来。 本条规定的是违法持有、买卖证券的法律责任。 修改主要是将“其他具有股权性质的证券”也列入了禁止持有、买卖的范围。此外，还将“行政处分”改成了“处分”。 但违反此项规定的法律责任没有加重。

续表

2019年《证券法》	2014年《证券法》	适用精解
第一百八十八条 证券服务机构**及其从业人员**，违反本法**第四十二条**的规定买卖**证券**的，责令依法处理非法持有的**证券**，没收违法所得，并处以买卖证券等值以下的罚款。	**第二百零一条** 为股票的发行、上市、交易出具审计报告、资产评估报告或者法律意见书等文件的证券服务机构和人员，违反本法第四十五条的规定买卖股票的，责令依法处理非法持有的股票，没收违法所得，并处以买卖股票等值以下的罚款。	本条由2014年《证券法》第二百零一条修改而来。 本条规定的是证券服务机构及其从业人员违法买卖证券的法律责任。 修改主要是将“股票”修改为“证券”，扩大了涵盖范围。 法律责任没有提高，但有一些文字性的修改。
第一百八十九条 上市公司、**股票在国务院批准的其他全国性证券交易场所交易的公司**的董事、监事、高级管理人员、持有该公司百分之五以上股份的股东，违反本法第**四十四**条的规定，买卖**该**公司股票**或者其他具有股权性质的证券的**，给予警告，并处以**十万元以上一百万元以下**的罚款。	**第一百九十五条** 上市公司的董事、监事、高级管理人员、持有上市公司股份百分之五以上的股东，违反本法第四十七条的规定买卖本公司股票的，给予警告，可以并处三万元以上十万元以下的罚款。	本条由2014年《证券法》第一百九十五条修改而来。 本条规定的是短线交易的法律责任。 修改主要是将短线交易的涵盖范围扩大至“股票在国务院批准的其他全国性证券交易场所交易的公司”，以及将“其他具有股权性质的证券”也列入了禁止的范围。 此外还提高了罚款额度，以及一些文字性的修改。
第一百九十条 违反本法第四十五条的规定，采取程序化交易影响证券交易所系统安全或者正常交易秩序的，责令改正，并处以五十万元以上五百万元以下的罚款。对直接负责的主管人员和其他直接责任人员给予警告，并处以十万元以上一百万元以下的罚款。		本条为新增条文。 本条规定的是程序化交易的法律责任。

续表

2019年《证券法》	2014年《证券法》	适用精解
第一百九十一条 证券交易内幕信息的知情人或者非法获取内幕信息的人**违反本法第五十三条的规定从事内幕交易的**，责令依法处理非法持有的证券，没收违法所得，并处以违法所得**一倍以上十倍以下**的罚款；没有违法所得或者违法所得不足**五十万元的**，处以**五十万元以上五百万元以下**的罚款。单位从事内幕交易的，还应当对直接负责的主管人员和其他直接责任人员给予警告，并处以**二十万元以上二百万元**以下的罚款。国务院证券监督管理机构工作人员从事内幕交易的，从重处罚。 **违反本法第五十四条的规定，利用未公开信息进行交易的，依照前款的规定处罚。**	**第二百零二条** 证券交易内幕信息的知情人或者非法获取内幕信息的人，在涉及证券的发行、交易或者其他对证券的价格有重大影响的信息公开前，买卖该证券，或者泄露该信息，或者建议他人买卖该证券的，责令依法处理非法持有的证券，没收违法所得，并处以违法所得一倍以上五倍以下的罚款；没有违法所得或者违法所得不足三万元的，处以三万元以上六十万元以下的罚款。单位从事内幕交易的，还应当对直接负责的主管人员和其他直接责任人员给予警告，并处以三万元以上三十万元以下的罚款。证券监督管理机构工作人员进行内幕交易的，从重处罚。	本条由2014年《证券法》第二百零二条修改而来。 本条规定的是内幕交易的法律责任，以及利用未公开信息进行交易的法律责任。 主要修改有： 一是增加了利用未公开信息进行交易的法律责任。 二是提高了罚款额度。 此外，还有一些文字性的修改。
第一百九十二条 违反本法**第五十五条**的规定，操纵证券市场的，责令依法处理其非法持有的证券，没收违法所得，并处以违法所得一倍以上**十倍**以下的罚款；没有违法所得或者违法所得不足**一百万元的**，处以**一百万元以上一千万元以下**的罚款。单位操纵证券市场	**第二百零三条** 违反本法规定，操纵证券市场的，责令依法处理非法持有的证券，没收违法所得，并处以违法所得一倍以上五倍以下的罚款；没有违法所得或者违法所得不足三十万元的，处以三十万元以上三百万元以下的罚款。单位操纵证券市场的，还应当对直接负责	本条由2014年《证券法》第二百零三条修改而来。 本条规定的是操纵市场的法律责任。 主要修改是提高了罚款额度。此外，还有一些文字性的修改。

续表

2019年《证券法》	2014年《证券法》	适用精解
的，还应当对直接负责的主管人员和其他直接责任人员给予警告，并处以**五十万元以上五百万元以下**的罚款。	的主管人员和其他直接责任人员给予警告，并处以十万元以上六十万元以下的罚款。	
第一百九十三条 违反本法第五十六条第一款、第三款的规定，**编造、传播虚假信息或者误导性信息**，扰乱证券市场的，没收违法所得，并处以违法所得一倍以上十倍以下的罚款；没有违法所得或者违法所得不足**二十万元**的，处以**二十万元以上二百万元以下**的罚款。 违反本法第五十六条第二款的规定，在证券交易活动中作出虚假陈述或者信息误导的，责令改正，处以**二十万元以上二百万元以下**的罚款；属于国家工作人员的，还应当依法给予**处分**。 **传播媒介及其从事证券市场信息报道的工作人员违反本法第五十六条第三款的规定，从事与其工作职责发生利益冲突的证券买卖的，没收违法所得，并处以买卖证券等值以下的罚款。**	**第二百零六条** 违反本法第七十八条第一款、第三款的规定，扰乱证券市场的，由证券监督管理机构责令改正，没收违法所得，并处以违法所得一倍以上五倍以下的罚款；没有违法所得或者违法所得不足三万元的，处以三万元以上二十万元以下的罚款。 **第二百零七条** 违反本法第七十八条第二款的规定，在证券交易活动中作出虚假陈述或者信息误导的，责令改正，处以三万元以上二十万元以下的罚款；属于国家工作人员的，还应当依法给予行政处分。	本条由2014年《证券法》第二百零六条和第二百零七条合并、修改而来。 本条规定的是编造、传播虚假信息或者误导性信息的法律责任。 主要修改有： 一是提高了罚款额度； 二是增加了一款作为第三款："传播媒介及其从事证券市场信息报道的工作人员违反本法第五十六条第三款的规定，从事与其工作职责发生利益冲突的证券买卖的，没收违法所得，并处以买卖证券等值以下的罚款。" 三是将"行政处分"改成了"处分"。 此外，还作了一些文字性的修改。

续表

2019 年《证券法》	2014 年《证券法》	适用精解
第一百九十四条 证券公司及其从业人员违反本法第五十七条的规定，有损害客户利益的行为的，给予警告，没收违法所得，并处以违法所得一倍以上十倍以下的罚款；没有违法所得或者违法所得不足十万元的，处以十万元以上一百万元以下的罚款；情节严重的，暂停或者撤销相关业务许可。		本条为新增条款。 本条规定的是证券公司及其从业人员损害客户利益行为的法律责任。 本法第五十七条规定："禁止证券公司及其从业人员从事下列损害客户利益的行为： （一）违背客户的委托为其买卖证券； （二）不在规定时间内向客户提供交易的确认文件； （三）未经客户的委托，擅自为客户买卖证券，或者假借客户的名义买卖证券； （四）为牟取佣金收入，诱使客户进行不必要的证券买卖； （五）其他违背客户真实意思表示，损害客户利益的行为。"
第一百九十五条 违反本法第**五十八**条的规定，出借自己的证券账户或者借用他人的证券账户从事证券交易的，责令改正，给予警告，可以处**五十万**元以下的罚款。	**第二百零八条** 违反本法规定，法人以他人名义设立账户或者利用他人账户买卖证券的，责令改正，没收违法所得，并处以违法所得一倍以上五倍以下的罚款；没有违法所得或者违法所得不足三万元的，处以三万元以上三十万元以下的罚款。对直接负责的主管人员和其他直接责任人员给予警告，并处以三万元以上十万元以下的罚款。 证券公司为前款规定的违法行为提供自己或者他人的证券交易账户的，除依照前款的规定处罚外，还应当撤销直接负责的主管人员和	**本条由 2014 年《证券法》第二百零八条修改而来。** **本条规定的是违法出借账户或者借用他人账户从事证券交易的法律责任。** **主要修改是删除了法人以他人名义设立账户的法律责任。** **本条对法人、自然人一体适用，弥补了对自然人出借账户没有规定法律责任的法律漏洞。**

续表

2019 年《证券法》	2014 年《证券法》	适用精解
	其他直接责任人员的任职资格或者证券从业资格。	
第一百九十六条 收购人未按照本法规定履行上市公司收购的公告、发出收购要约义务的，责令改正，给予警告，并处以**五十万元以上五百万元以下**的罚款。对直接负责的主管人员和其他直接责任人员给予警告，并处以**二十万元以上二百万元以下**的罚款。 收购人及其控股股东、实际控制人利用上市公司收购，给被收购公司及其股东造成损失的，应当依法承担赔偿责任。	**第二百一十三条** 收购人未按照本法规定履行上市公司收购的公告、发出收购要约等义务的，责令改正，给予警告，并处以十万元以上三十万元以下的罚款；在改正前，收购人对其收购或者通过协议、其他安排与他人共同收购的股份不得行使表决权。对直接负责的主管人员和其他直接责任人员给予警告，并处以三万元以上三十万元以下的罚款。 **第二百一十四条** 收购人或者收购人的控股股东，利用上市公司收购，损害被收购公司及其股东的合法权益的，责令改正，给予警告；情节严重的，并处以十万元以上六十万元以下的罚款。给被收购公司及其股东造成损失的，依法承担赔偿责任。对直接负责的主管人员和其他直接责任人员给予警告，并处以三万元以上三十万元以下的罚款。	本条由2014年《证券法》第二百一十三条和第二百一十四条合并、修改而来。 本条规定的是违法收购的法律责任。 除提高罚款额度外，主要修改还有： 一是删除了“在改正前，收购人对其收购或者通过协议、其他安排与他人共同收购的股份不得行使表决权”，因为本法第六十三条第四款已经规定了违规增持的股份没有表决权。 二是删除了收购人或者收购人的控股股东，利用上市公司收购，损害被收购公司及其股东的合法权益的行政法律责任，只规定其民事法律责任。

续表

2019年《证券法》	2014年《证券法》	适用精解
第一百九十七条 **信息披露义务人**未按照本法规定**报送有关报告或者履行信息披露义务的**，责令改正，给予警告，并处以**五十万元以上五百万元以下**的罚款；对直接负责的主管人员和其他直接责任人员给予警告，并处以**二十万元以上二百万元以下**的罚款。发行人的控股股东、实际控制人**组织、指使从事上述违法行为，或者隐瞒相关事项导致发生上述情形的，处以五十万元以上五百万元以下的罚款；对直接负责的主管人员和其他直接责任人员，处以二十万元以上二百万元以下的罚款。** 信息披露义务人报送的报告或者披露的信息有虚假记载、误导性陈述或者重大遗漏的，责令改正，给予警告，并处以**一百万元以上一千万元以下的**罚款；对直接负责的主管人员和其他直接责任人员给予警告，并处以**五十万元以上五百万元以下**的罚款。发行人的控股股东、实际控制人**组织、**指使从事上述违法行为，或者隐瞒相关事项导致发生上述情形的，	**第一百九十三条** 发行人、上市公司或者其他信息披露义务人未按照规定披露信息，或者所披露的信息有虚假记载、误导性陈述或者重大遗漏的，责令改正，给予警告，并处以三十万元以上六十万元以下的罚款。对直接负责的主管人员和其他直接责任人员给予警告，并处以三万元以上三十万元以下的罚款。 发行人、上市公司或者其他信息披露义务人未按照规定报送有关报告，或者报送的报告有虚假记载、误导性陈述或者重大遗漏的，责令改正，给予警告，并处以三十万元以上六十万元以下的罚款。对直接负责的主管人员和其他直接责任人员给予警告，并处以三万元以上三十万元以下的罚款。 发行人、上市公司或者其他信息披露义务人的控股股东、实际控制人指使从事前两款违法行为的，依照前两款的规定处罚。	本条由2014年《证券法》第一百九十三条修改而来。 本条规定的是信息披露违法的法律责任。 本条修改后，将信息披露违法分为两种情况： 一种是未按照规定披露信息的违法行为，即信息披露义务人未按照本法规定报送有关报告或者履行信息披露义务的情形。另一种是信息披露义务人虽然披露了信息，但有虚假记载、误导性陈述或者重大遗漏的情形。 对这两种违法行为，都提高了罚款额度。 此外，对于发行人的控股股东、实际控制人组织、指使从事上述违法行为或者隐瞒相关事项导致发生上述情形的，也给予处罚。 此外，还有一些文字性修改。 需要特别注意的是，新的规定意味着如果上市公司、挂牌公司披露的信息有虚假记载、误导性陈述或者重大遗漏，董事（包括独立董事）、监事和高级管理人员都将被首先推定为“其他直接责任人员”，除非其能提供证据证明其履行了勤勉尽责义务并被证监会认可，否则，都有可能遭受证监会至少五十万元的罚款；如果上市公司、挂牌公司未按照本法规定报送有关报告或者履行信息披露义务，董事（包括独立董事）、监事和高级管理人员都将被首先推定为“其他直接责任人员”，除非其能提供证据证明其履行了勤勉尽责义务并被证监会认可，否则，都有可能遭受证监会至少二十万元的罚款。

续表

2019 年《证券法》	2014 年《证券法》	适用精解
处以**一百万元以上一千万元以下**的罚款；对直接负责的主管人员和其他直接责任人员，处以**五十万元以上五百万元**以下的罚款。		
第一百九十八条 证券公司违反本法第八十八条的规定未履行或者未按照规定履行投资者适当性管理义务的，责令改正，给予警告，并处以十万元以上一百万元以下的罚款。对直接负责的主管人员和其他直接责任人员给予警告，并处以二十万元以下的罚款。		本条为新增条文。 本条规定的是证券公司违反投资者适当性管理义务的法律责任。
第一百九十九条 违反本法第九十条的规定征集股东权利的，责令改正，给予警告，可以处五十万元以下的罚款。		本条为新增条文。 本条规定的是违法征集股东权利的法律责任。
第二百条 非法开设证券交易场所的，由县级以上人民政府予以取缔，没收违法所得，并处以违法所得一倍以上**十**倍以下的罚款；没有违法所得或者违法所得不足**一百万元的，处以一百万元以上一千万元以下**的罚款。对直接负责的主管人员和其他直接责任人员给予警告，并处以**二十万元以上二百万元**以下的罚款。	**第一百九十六条** 非法开设证券交易场所的，由县级以上人民政府予以取缔，没收违法所得，并处以违法所得一倍以上五倍以下的罚款；没有违法所得或者违法所得不足十万元的，处以十万元以上五十万元以下的罚款。对直接负责的主管人员和其他直接责任人员给予警告，并处以三万元以上三十万元以下的罚款。	本条由2014年《证券法》第一百九十六条修改而来。 本条第一款规定的是非法开设证券交易场所的法律责任。本次修改，提高了罚款额度。 本条第二款为新增条款，规定的是证券交易所违法允许非会员直接参与股票的集中交易的法律责任。

续表

2019 年《证券法》	2014 年《证券法》	适用精解
证券交易所违反本法第一百零五条的规定，允许非会员直接参与股票的集中交易的，责令改正，可以并处五十万元以下的罚款。		
第二百零一条　证券公司违反本法第一百零七条第一款的规定，未对投资者开立账户提供的身份信息进行核对的，责令改正，给予警告，并处以五万元以上五十万元以下的罚款。对直接负责的主管人员和其他直接责任人员给予警告，并处以十万元以下的罚款。 证券公司违反本法第一百零七条第二款的规定，将投资者的账户提供给他人使用的，责令改正，给予警告，并处以十万元以上一百万元以下的罚款。对直接负责的主管人员和其他直接责任人员给予警告，并处以二十万元以下的罚款。		本条为新增条文。 第一款规定的是证券公司未对投资者开立账户提供的身份信息进行核对的法律责任。 第二款规定的是将投资者的账户提供给他人使用的法律责任。

续表

2019年《证券法》	2014年《证券法》	适用精解
第二百零二条　违反本法第一百一十八条、第一百二十条第一款、第四款的规定，擅自设立证券公司、非法经营证券业务**或者未经批准以证券公司名义开展证券业务活动的，**责令改正，没收违法所得，并处以违法所得一倍以上十倍以下的罚款；没有违法所得或者违法所得不足**一百万元的，处以一百万元以上一千万元以下的**罚款。对直接负责的主管人员和其他直接责任人员给予警告，并处以**二十万元以上二百万元以下的**罚款。**对擅自设立的证券公司，由国务院证券监督管理机构予以取缔。**	**第一百九十七条**　未经批准，擅自设立证券公司或者非法经营证券业务的，由证券监督管理机构予以取缔，没收违法所得，并处以违法所得一倍以上五倍以下的罚款；没有违法所得或者违法所得不足三十万元的，处以三十万元以上六十万元以下的罚款。对直接负责的主管人员和其他直接责任人员给予警告，并处以三万元以上三十万元以下的罚款。	本条由2014年《证券法》第一百九十七条和第二百零五条合并、修改而来。 本条第一款规定的是擅自设立证券公司、非法经营证券业务或者未经批准以证券公司名义开展证券业务活动的法律责任，并提高了罚扣款额度，增加了“对擅自设立的证券公司，由国务院证券监督管理机构予以取缔”的规定。
证券公司**违反本法第一百二十条第五款规定提**供证券融资融券服务的，没收违法所得，并处以融资融券等值以下的罚款；**情节严重的，禁止其在一定期限内从事证券融资融券业务**。对直接负责的主管人员和其他直接责任人员给予警告，并处以**二十万元以上二百万元以下的罚款**。	**第二百零五条**　证券公司违反本法规定，为客户买卖证券提供融资融券的，没收违法所得，暂停或者撤销相关业务许可，并处以非法融资融券等值以下的罚款。对直接负责的主管人员和其他直接责任人员给予警告，撤销任职资格或者证券从业资格，并处以三万元以上三十万元以下的罚款。	第二款规定的是违法提供证券融资融券服务的法律责任，提高了罚款额度，丰富和健全了惩罚体系，删除了“撤销任职资格或者证券从业资格”。

续表

2019 年《证券法》	2014 年《证券法》	适用精解
第二百零三条 提交虚假证明文件或者采取其他欺诈手段骗取证券**公司设立许可**、业务许可**或者重大事项变更核准的**，撤销相关许可，**并处以一百万元以上一千万元以下的罚款。对直接负责的主管人员和其他直接责任人员给予警告，并处以二十万元以上二百万元以下的罚款。**	**第二百二十一条** 提交虚假证明文件或者采取其他欺诈手段隐瞒重要事实骗取证券业务许可的，或者证券公司在证券交易中有严重违法行为，不再具备经营资格的，由证券监督管理机构撤销证券业务许可。	本条由 2014 年《证券法》第二百二十一条修改而来。 本条规定的是骗取证券公司设立许可、业务许可或者重大事项变更核准的法律责任。 除提高了罚款额度外，还增加了对直接负责的主管人员和其他直接责任人员的处罚，从而使处罚精确到个人责任人。
第二百零四条 证券公司违反本法第**一百二十二**条的规定，**未经核准变更证券业务范围，变更主要股东或者公司的实际控制人，**合并、分立、停业、解散、破产的，责令改正，给予警告，没收违法所得，并处以违法所得一倍以上**十**倍以下的罚款；没有违法所得或者违法所得不足**五十万元的，处以五十万元以上五百万元以下**的罚款；情节严重的，并处撤销相关业务许可。对直接负责的主管人员和其他直接责任人员给予警告，并处以**二十万元以上二百万元**以下的罚款。	**第二百一十八条** 证券公司违反本法第一百二十九条的规定，擅自设立、收购、撤销分支机构，或者合并、分立、停业、解散、破产，或者在境外设立、收购、参股证券经营机构的，责令改正，没收违法所得，并处以违法所得一倍以上五倍以下的罚款；没有违法所得或者违法所得不足十万元的，处以十万元以上六十万元以下的罚款。对直接负责的主管人员给予警告，并处以三万元以上十万元以下的罚款。 证券公司违反本法第一百二十九条的规定，擅自变更有关事项的，责令改正，并处以十万元以上三十万元以下的罚款。对直接负责	本条由 2014 年《证券法》第二百一十八条修改而来。 本条规定的是证券公司重大事项违法的法律责任。 与本法第一百二十二条的修改相一致，本条限缩了证券公司重大违法的范围，并提高了罚款额度。

续表

2019 年《证券法》	2014 年《证券法》	适用精解
	的主管人员给予警告，并处以五万元以下的罚款。	
第二百零五条 证券公司**违反本法第一百二十三条第二款的规定**，为其股东或者股东的关联人提供融资或者担保的，责令改正，给予警告，并处以**五十万元以上五百万元以下**的罚款。对直接负责的主管人员和其他直接责任人员给予警告，并处以**十万元以上一百万元**以下的罚款。股东有过错的，在按照要求改正前，国务院证券监督管理机构可以限制其股东权利；拒不改正的，可以责令其转让所持证券公司股权。	**第二百二十二条** 证券公司或者其股东、实际控制人违反规定，拒不向证券监督管理机构报送或者提供经营管理信息和资料，或者报送、提供的经营管理信息和资料有虚假记载、误导性陈述或者重大遗漏的，责令改正，给予警告，并处以三万元以上三十万元以下的罚款，可以暂停或者撤销证券公司相关业务许可。对直接负责的主管人员和其他直接责任人员，给予警告，并处以三万元以下的罚款，可以撤销任职资格或者证券从业资格。 证券公司为其股东或者股东的关联人提供融资或者担保的，责令改正，给予警告，并处以十万元以上三十万元以下的罚款。对直接负责的主管人员和其他直接责任人员，处以三万元以上十万元以下的罚款。股东有过错的，在按照要求改正前，国务院证券监督管理机构可以限制其股东权利；拒不改正的，可以责令其转让所持证券公司股权。	本条由 2014 年《证券法》第二百二十二条第二款修改而来。 本条规定的是证券公司违法为其股东或者股东的关联人提供融资或者担保的法律责任。本次修改提高了罚款额度。 2014 年《证券法》第二百二十二条第一款被新《证券法》第二百一十一条所取代。

续表

2019年《证券法》	2014年《证券法》	适用精解
第二百零六条 证券公司**违反本法第一百二十八条的规定，未采取有效隔离措施防范利益冲突，或者未**分开办理相关业务、混合操作的，责令改正，给予警告，没收违法所得，**并处以违法所得一倍以上十倍以下的罚款；没有违法所得或者违法所得不足五十万元的，处以五十万元以上五百万元以下的罚款**；情节严重的，并处撤销相关业务许可。对直接负责的主管人员和其他直接责任人员给予警告，并处以**二十万元以上二百万元以下**的罚款。	**第二百二十条** 证券公司对其证券经纪业务、证券承销业务、证券自营业务、证券资产管理业务，不依法分开办理，混合操作的，责令改正，没收违法所得，并处以三十万元以上六十万元以下的罚款；情节严重的，撤销相关业务许可。对直接负责的主管人员和其他直接责任人员给予警告，并处以三万元以上十万元以下的罚款；情节严重的，撤销任职资格或者证券从业资格。	本条由2014年《证券法》第二百二十条修改而来。 本条规定的是证券公司防火墙违法的法律责任。 本次修改主要是提高了罚款额度，丰富和健全了惩罚体系，删除了“撤销任职资格或者证券从业资格”，调整了文字表述。
第二百零七条 证券公司违反本法**第一百二十九条的**规定从事证券自营业务的，责令改正，给予警告，没收违法所得，并处以违法所得一倍以上**十**倍以下的罚款；没有违法所得或者违法所得不足**五十万元的，处以五十万元以上五百万元以下**的罚款；情节严重的，**并处撤销相关业务许可或者责令关闭**。对直接负责的主管人员和其他直接责任人员给予警告，并处以**二十万元以上二百万元以下**的罚款。	**第二百零九条** 证券公司违反本法规定，假借他人名义或者以个人名义从事证券自营业务的，责令改正，没收违法所得，并处以违法所得一倍以上五倍以下的罚款；没有违法所得或者违法所得不足三十万元的，处以三十万元以上六十万元以下的罚款；情节严重的，暂停或者撤销证券自营业务许可。对直接负责的主管人员和其他直接责任人员给予警告，撤销任职资格或者证券从业资格，并处以三万元以上十万元以下的罚款。	本条由2014年《证券法》第二百零九条修改而来。 本条规定的是证券公司违法从事证券自营业务的法律责任。 本次修改主要是提高了罚款额度，增加了“责令关闭”，删除了“撤销任职资格或者证券从业资格”，调整了文字表述。

续表

2019年《证券法》	2014年《证券法》	适用精解
	第二百一十条 证券公司违背客户的委托买卖证券、办理交易事项，或者违背客户真实意思表示，办理交易以外的其他事项的，责令改正，处以一万元以上十万元以下的罚款。给客户造成损失的，依法承担赔偿责任。	2014年《证券法》第二百一十条已被删除。
第二百零八条 违反本法第一百三十一条的规定，将客户的资金和证券归入自有财产，或者挪用客户的资金和证券的，责令改正，给予警告，没收违法所得，并处以违法所得一倍以上**十**倍以下的罚款；没有违法所得或者违法所得不足**一百万元的，处以一百万元以上一千万元以下**的罚款；情节严重的，并处**撤销相关业务许可或者责令关闭**。对直接负责的主管人员和其他直接责任人员给予警告，并处以**五十万元以上五百万元以下**的罚款。	**第二百一十一条** 证券公司、证券登记结算机构挪用客户的资金或者证券，或者未经客户的委托，擅自为客户买卖证券的，责令改正，没收违法所得，并处以违法所得一倍以上五倍以下的罚款；没有违法所得或者违法所得不足十万元的，处以十万元以上六十万元以下的罚款；情节严重的，责令关闭或者撤销相关业务许可。对直接负责的主管人员和其他直接责任人员给予警告，撤销任职资格或者证券从业资格，并处以三万元以上三十万元以下的罚款。	本条由2014年《证券法》第二百一十一条修改而来。 本条规定的是证券公司将客户的资金和证券归入自有财产或者挪用客户的资金和证券的法律责任。 本次修改主要是限缩了违法范围，提高了罚款额度，删除了"撤销任职资格或者证券从业资格"，调整了文字表述。
第二百零九条 证券公司**违反本法第一百三十四条第一款的规定**接受客户的全权委托买卖证券的，或者**违反本法第一百三十五条的规**	**第二百一十二条** 证券公司办理经纪业务，接受客户的全权委托买卖证券的，或者证券公司对客户买卖证券的收益或者赔偿证券买	本条由2014年《证券法》第二百一十二条修改而来。 本条规定的是证券公司经纪业务违法的法律责任。 本次修改主要是提高了罚款额度，增加了警告处罚，丰富和健全了惩罚

续表

2019 年《证券法》	2014 年《证券法》	适用精解
定对客户的收益或者赔偿客户的损失作出承诺的，责令改正，**给予警告**，没收违法所得，**并处以违法所得一倍以上十倍以下的罚款；没有违法所得或者违法所得不足五十万元的，处以五十万元以上五百万元以下的罚款；情节严重的，并处撤销相关业务许可**。对直接负责的主管人员和其他直接责任人员给予警告，并处以**二十万元以上二百万元**以下的罚款。 **证券公司违反本法第一百三十四条第二款的规定，允许他人以证券公司的名义直接参与证券的集中交易的，责令改正，可以并处五十万元以下的罚款。**	卖的损失作出承诺的，责令改正，没收违法所得，并处以五万元以上二十万元以下的罚款，可以暂停或者撤销相关业务许可。对直接负责的主管人员和其他直接责任人员给予警告，并处以三万元以上十万元以下的罚款，可以撤销任职资格或者证券从业资格。	体系，删除了“撤销任职资格或者证券从业资格”，调整了文字表述。 增加了一款作为第二款，即“证券公司违反本法第一百三十四条第二款的规定，允许他人以证券公司的名义直接参与证券的集中交易的，责令改正，可以并处五十万元以下的罚款。”
第二百一十条 证券公司**的**从业人员违反本法**第一百三十六条的**规定，私下接受客户委托买卖证券的，责令改正，给予警告，没收违法所得，并处以违法所得一倍以上十倍以下的罚款；没有违法所得的，处以**五十万元以下**的罚款。	**第二百一十五条** 证券公司及其从业人员违反本法规定，私下接受客户委托买卖证券的，责令改正，给予警告，没收违法所得，并处以违法所得一倍以上五倍以下的罚款；没有违法所得或者违法所得不足十万元的，处以十万元以上三十万元以下的罚款。	本条由2014年《证券法》第二百一十五条修改而来。 本条规定的是证券公司从业人员私下接受客户委托的法律责任。 本次修改主要是提高了罚款额度，调整了文字表述。

续表

2019年《证券法》	2014年《证券法》	适用精解
	第二百一十六条 证券公司违反规定，未经批准经营非上市证券的交易的，责令改正，没收违法所得，并处以违法所得一倍以上五倍以下的罚款。	2014年《证券法》第二百一十六条已被删除。
	第二百一十七条 证券公司成立后，无正当理由超过三个月未开始营业的，或者开业后自行停业连续三个月以上的，由公司登记机关吊销其公司营业执照。	2014年《证券法》第二百一十七条已被删除。
	第二百一十九条 证券公司违反本法规定，超出业务许可范围经营证券业务的，责令改正，没收违法所得，并处以违法所得一倍以上五倍以下的罚款；没有违法所得或者违法所得不足三十万元的，处以三十万元以上六十万元以下罚款；情节严重的，责令关闭。对直接负责的主管人员和其他直接责任人员给予警告，撤销任职资格或者证券从业资格，并处以三万元以上十万元以下的罚款。	2014年《证券法》第二百一十九条已被删除。

续表

2019年《证券法》	2014年《证券法》	适用精解
第二百一十一条 证券公司**及其主要**股东、实际控制人违反**本法第一百三十八条**的规定，**未报送、提供信息和资料**，或者报送、提供的信息和资料有虚假记载、误导性陈述或者重大遗漏的，责令改正，给予警告，并处以**一百万元**以下的罚款；情节严重的，并处撤销相关业务许可。对直接负责的主管人员和其他直接责任人员，给予警告，并处以**五十万元**以下的罚款。	**第二百二十二条第一款** 证券公司或者其股东、实际控制人违反规定，拒不向证券监督管理机构报送或者提供经营管理信息和资料，或者报送、提供的经营管理信息和资料有虚假记载、误导性陈述或者重大遗漏的，责令改正，给予警告，并处以三万元以上三十万元以下的罚款，可以暂停或者撤销证券公司相关业务许可。对直接负责的主管人员和其他直接责任人员，给予警告，并处以三万元以下的罚款，可以撤销任职资格或者证券从业资格。	本条由2014年《证券法》第二百二十二条第一款修改而来。 本条规定的是报送、提供信息和资料违法的法律责任。 本次修改主要是限缩了违法主体，将“拒不”报送、提供信息和资料改为“未”报送、提供信息和资料，删除了“撤销任职资格或者证券从业资格”，提高了罚款额度，调整了文字表述。
第二百一十二条 **违反本法第一百四十五条的规定，**擅自设立证券登记结算机构的，由国务院证券监督管理机构予以取缔，没收违法所得，并处以违法所得一倍以上**十**倍以下的罚款；**没有违法所得或者违法所得不足五十万元的，处以五十万元以上五百万元以下的罚款。对直接负责的主管人员和其他直接责任人员给予警告，并处以二十万元以上二百万元以下的罚款。**	**第二百二十六条** 未经国务院证券监督管理机构批准，擅自设立证券登记结算机构的，由证券监督管理机构予以取缔，没收违法所得，并处以违法所得一倍以上五倍以下的罚款。 投资咨询机构、财务顾问机构、资信评级机构、资产评估机构、会计师事务所未经批准，擅自从事证券服务业务的，责令改正，没	本条由2014年《证券法》第二百二十六条第一款修改而来。 本条规定的是擅自设立证券登记结算机构的法律责任。 本次修改提高了罚款倍数，丰富和健全了惩罚体系。

续表

2019年《证券法》	2014年《证券法》	适用精解
第二百一十三条 证券投资咨询机构违反本法第一百六十条第二款的规定擅自从事证券服务业务，或者从事证券服务业务有本法第一百六十一条规定行为的，责令改正，没收违法所得，并处以违法所得一倍以上十倍以下的罚款；没有违法所得或者违法所得不足五十万元的，处以五十万元以上五百万元以下的罚款。对直接负责的主管人员和其他直接责任人员，给予警告，并处以二十万元以上二百万元以下的罚款。	收违法所得，并处以违法所得一倍以上五倍以下的罚款。 证券登记结算机构、证券服务机构违反本法规定或者依法制定的业务规则的，由证券监督管理机构责令改正，没收违法所得，并处以违法所得一倍以上五倍以下的罚款；没有违法所得或者违法所得不足十万元的，处以十万元以上三十万元以下的罚款；情节严重的，责令关闭或者撤销证券服务业务许可。	本条前两款由2014年《证券法》第二百二十六条第二款修改而来。 第一款规定的是证券投资咨询机构违法的法律责任，主要修改有：一是扩大了违法情形，包括：(1) 未经国务院证券监督管理机构核准从事证券投资咨询服务业务的；(2) 代理委托人从事证券投资的；(3) 与委托人约定分享证券投资收益或者分担证券投资损失的；(4) 买卖本证券投资咨询机构提供服务的证券的；(5) 法律、行政法规禁止的其他行为。二是提高了违法成本。
会计师事务所、律师事务所以及从事资产评估、资信评级、财务顾问、信息技术系统服务的机构违反本法第一百六十条第二款的规定，从事证券服务业务未报备案的，责令改正，可以处二十万元以下的罚款。		第二款规定的是证券服务机构从事证券服务业务未报备案的法律责任。
证券服务机构违反本法第一百六十三条的规定，未勤勉尽责，所制作、出具的文件有虚假记载、误导性陈述或者重大遗漏的，责令改正，没收业务收入，并处以业务收入一倍以上十倍以下的罚款，没有	**第二百二十三条** 证券服务机构未勤勉尽责，所制作、出具的文件有虚假记载、误导性陈述或者重大遗漏的，责令改正，没收业务收入，暂停或者撤销证券服务业务许可，并处以业务收入一倍以上五倍以下的罚款。对直接负责的主管人员和其他直接责任人员给予警告，撤销证券从业资格，并处以三万元以上十万元以下的罚款。	本条第三款由2014年《证券法》第二百二十三条修改而来，规定的是证券服务机构虚假陈述的法律责任。 本条还提高了罚款额度，提高了违法成本，丰富和健全了惩罚体系，删除了“撤销证券从业资格”。

续表

2019 年《证券法》	2014 年《证券法》	适用精解
业务收入或者业务收入**不足五十万元的，处以五十万元以上五百万元以下的罚款；情节严重的，并处**暂停或者禁止从事证券服务业务。对直接负责的主管人员和其他直接责任人员给予警告，并处以**二十万元以上二百万元以下的罚**款。		
	第二百二十四条 违反本法规定，发行、承销公司债券的，由国务院授权的部门依照本法有关规定予以处罚。	2014 年《证券法》第二百二十四条已被删除。
第二百一十四条 **发行人、**证券登记结算机构、证券公司、证券服务机构未按照规定保存有关文件和资料的，责令改正，给予警告，并处以**十万元以上一百万元以下**的罚款；泄露、隐匿、伪造、篡改或者毁损有关文件和资料的，给予警告，并处以**二十万元以上二百万元**以下的罚款；**情节严重的，处以五十万元以上五百万元以下的罚款，并处暂停、撤销相关业务许可或者禁止从事相关业务。对直接负责的主管人员和其他直接责任人员给予警告，并处以十万元以上一百万元以下的罚款。**	**第二百二十五条** 上市公司、证券公司、证券交易所、证券登记结算机构、证券服务机构，未按照有关规定保存有关文件和资料的，责令改正，给予警告，并处以三万元以上三十万元以下的罚款；隐匿、伪造、篡改或者毁损有关文件和资料的，给予警告，并处以三十万元以上六十万元以下的罚款。	本条由 2014 年《证券法》第二百二十五条修改而来，规定的是未按照规定保存有关文件和资料的法律责任。 本条提高了罚款额度，提高了违法成本，丰富和健全了惩罚体系，将处罚精准到了个人责任人。

续表

2019 年《证券法》	2014 年《证券法》	适用精解
第二百一十五条 **国务院证券监督管理机构依法将有关市场主体遵守本法的情况纳入证券市场诚信档案。**		本条为新增条文。 本条规定了证券市场诚信档案的法律地位。
第二百一十六条 国务院证券监督管理机构或者国务院授权的部门有下列情形之一的，对直接负责的主管人员和其他直接责任人员，依法给予**处分**： （一）对不符合本法规定的发行证券、设立证券公司等申请予以核准、**注册**、批准的； （二）违反本法规定采取现场检查、调查取证、查询、冻结或者查封等措施的； **（三）违反本法规定对有关机构和人员采取监督管理措施的；** （四）违反本法规定对有关机构和人员实施行政处罚的； （五）其他不依法履行职责的行为。	**第二百二十七条** 国务院证券监督管理机构或者国务院授权的部门有下列情形之一的，对直接负责的主管人员和其他直接责任人员，依法给予行政处分： （一）对不符合本法规定的发行证券、设立证券公司等申请予以核准、批准的； （二）违反规定采取本法第一百八十条规定的现场检查、调查取证、查询、冻结或者查封等措施的； （三）违反规定对有关机构和人员实施行政处罚的； （四）其他不依法履行职责的行为。	本条由2014年《证券法》第二百二十七条修改而来。 本条规定的是证券监管部门的法律责任。 主要修改有： 一是将“行政处分”改成了“处分”。2018年3月20日，十三届全国人大一次会议表决通过的《监察法》规定，监察委员会“对违法的公职人员依法作出政务处分决定”。“政务处分”首次以法律的形式明确下来。《监察法》施行后，监察对象由行政机关工作人员，扩大到所有行使公权力的公职人员，原有“行政处分”的概念就被“政务处分”的概念取代了，后者是指对所有行使公权力的公职人员的处分。 二是增加违法采取监督管理措施的法律责任。随着人们对金融监管措施与行政处罚关系认识的深化，有必要单独规定违法采取金融监管措施的法律责任。 三是随着证券发行注册制改革的深化，相关文字中增加了“注册”二字。

续表

2019年《证券法》	2014年《证券法》	适用精解
第二百一十七条 **国务院**证券监督管理机构**或者国务院授权的部门的**工作人员，不履行本法规定的职责，滥用职权、玩忽职守，利用职务便利牟取不正当利益，或者泄露所知悉的有关单位和个人的商业秘密的，依法追究法律责任。	**第二百二十八条** 证券监督管理机构的工作人员和发行审核委员会的组成人员，不履行本法规定的职责，滥用职权、玩忽职守，利用职务便利牟取不正当利益，或者泄露所知悉的有关单位和个人的商业秘密的，依法追究法律责任。	本条由2014年《证券法》第二百二十八条修改而来。 本条是一条证券监督管理机构法律责任的转介条款，本次修改删除了发审委的组成人员，并将国务院授权的部门也涵盖进来了。
	第二百二十九条 证券交易所对不符合本法规定条件的证券上市申请予以审核同意的，给予警告，没收业务收入，并处以业务收入一倍以上五倍以下的罚款。对直接负责的主管人员和其他直接责任人员给予警告，并处以三万元以上三十万元以下的罚款。	2014年《证券法》第二百二十九条已被删除。
第二百一十八条 拒绝、阻碍证券监督管理机构及其工作人员依法行使监督检查、调查职权，**由证券监督管理机构责令改正，处以十万元以上一百万元以下的罚款，并由公安机关**依法给予治安管理处罚。	**第二百三十条** 拒绝、阻碍证券监督管理机构及其工作人员依法行使监督检查、调查职权未使用暴力、威胁方法的，依法给予治安管理处罚。	本条由2014年《证券法》第二百三十条修改而来。 本条规定了拒绝、阻碍证券监督管理机构及其工作人员执法的法律责任。 修改之处是赋予了证券监督管理机构行政处罚的权力。这加强了证券监督管理机构的权力，让“老虎”长出了“牙齿”。 但“拒绝、阻碍监督检查、调查”的具体情形需要进一步界定，裁量基准需要进一步细化，权力行使程序需要进一步明确，要规范权力运行，将权力关进制度的笼子里。

续表

2019 年《证券法》	2014 年《证券法》	适用精解
第二百一十九条 违反本法规定，构成犯罪的，依法追究刑事责任。	**第二百三十一条** 违反本法规定，构成犯罪的，依法追究刑事责任。	本条由 2014 年《证券法》第二百三十一条平移而来，在内容上未作修改。本条是一个刑事责任转介条款。
第二百二十条 违反本法规定，应当承担民事赔偿责任和缴纳罚款、罚金、**违法所得，违法行为人的**财产不足以支付的，**优先用于**承担民事赔偿责任。	**第二百三十二条** 违反本法规定，应当承担民事赔偿责任和缴纳罚款、罚金，其财产不足以同时支付时，先承担民事赔偿责任。	本条由 2014 年《证券法》第二百三十二条修改而来，增加了“违法所得”，此外还有一些文字性修改。 本条规定的是民事赔偿责任优先于公共金钱处罚的原则。
第二百二十一条 违反法律、行政法规或者国务院证券监督管理机构的有关规定，情节严重的，国务院证券监督管理机构可以对有关责任人员采取证券市场禁入的措施。 前款所称证券市场禁入，是指在一定期限内直至终身不得从事证券业务、**证券服务业务**，不得担任**证券发行人的**董事、监事、高级管理人员，**或者一定期限内不得在证券交易所、国务院批准的其他全国性证券交易场所交易证券的**制度。	**第二百三十三条** 违反法律、行政法规或者国务院证券监督管理机构的有关规定，情节严重的，国务院证券监督管理机构可以对有关责任人员采取证券市场禁入的措施。 前款所称证券市场禁入，是指在一定期限内直至终身不得从事证券业务或者不得担任上市公司董事、监事、高级管理人员的制度。	**本条由 2014 年《证券法》第二百三十三条修改而来。** **本条规定的是证券市场禁入。** **本条完善了证券市场禁入的定义。**
第二百二十二条 依照本法收缴的罚款和没收的违法所得，全部上缴国库。	**第二百三十四条** 依照本法收缴的罚款和没收的违法所得，全部上缴国库。	本条由 2014 年《证券法》第二百三十四条平移而来，在内容上未作修改。 本条规定的是罚没收入上缴国库制度。

续表

2019年《证券法》	2014年《证券法》	适用精解
第二百二十三条 当事人对证券监督管理机构或者国务院授权的部门的处罚决定不服的，可以依法申请行政复议，或者依法直接向人民法院提起诉讼。	**第二百三十五条** 当事人对证券监督管理机构或者国务院授权的部门的处罚决定不服的，可以依法申请行政复议，或者依法直接向人民法院提起诉讼。	本条由2014年《证券法》第二百三十五条平移而来，在内容上未作修改。 本条规定的是行政救济。
第十四章　附　则	**第十二章　附　则**	**对章节序号进行了调整。**
	第二百三十六条 本法施行前依照行政法规已批准在证券交易所上市交易的证券继续依法进行交易。 本法施行前依照行政法规和国务院金融行政管理部门的规定经批准设立的证券经营机构，不完全符合本法规定的，应当在规定的限期内达到本法规定的要求。具体实施办法，由国务院另行规定。	2014年《证券法》第二百三十六条已被删除。
	第二百三十七条 发行人申请核准公开发行股票、公司债券，应当按照规定缴纳审核费用。	2014年《证券法》第二百三十七条已被删除。
第二百二十四条 境内企业直接或者间接到境外发行证券或者将其证券在境外上市交易，**应当符合国务院的有关规定。**	**第二百三十八条** 境内企业直接或者间接到境外发行证券或者将其证券在境外上市交易，必须经国务院证券监督管理机构依照国务院的规定批准。	**本条由2014年《证券法》第二百三十八条修改而来。** **本条规定的是境外上市。** **境外上市不再经国务院证券监督管理机构批准，而是"应当符合国务院的有关规定"。**

续表

2019年《证券法》	2014年《证券法》	适用精解
第二百二十五条 境内公司股票以外币认购和交易的，具体办法由国务院另行规定。	**第二百三十九条** 境内公司股票以外币认购和交易的，具体办法由国务院另行规定。	本条由2014年《证券法》第二百三十九条平移而来，在内容上未作修改。 本条规定的是B股。
第二百二十六条 本法自2020年3月1日起施行。	**第二百四十条** 本法自2006年1月1日起施行。	本条由2014年《证券法》第二百四十条修改而来。 本条规定的是施行日期。

中华人民共和国证券法

（1998年12月29日第九届全国人民代表大会常务委员会第六次会议通过　根据2004年8月28日第十届全国人民代表大会常务委员会第十一次会议《关于修改〈中华人民共和国证券法〉的决定》第一次修正　2005年10月27日第十届全国人民代表大会常务委员会第十八次会议第一次修订　根据2013年6月29日第十二届全国人民代表大会常务委员会第三次会议《关于修改〈中华人民共和国文物保护法〉等十二部法律的决定》第二次修正　根据2014年8月31日第十二届全国人民代表大会常务委员会第十次会议《关于修改〈中华人民共和国保险法〉等五部法律的决定》第三次修正　2019年12月28日第十三届全国人民代表大会常务委员会第十五次会议第二次修订）

目　　录

第一章　总　　则

第一条　为了规范证券发行和交易行为，保护投资者的合法权益，维护社会经济秩序和社会公共利益，促进社会主义市场经济的发展，制定本法。

第二条　在中华人民共和国境内，股票、公司债券、存托凭证和国务院依法认定的其他证券的发行和交易，适用本法；本法未规定的，适用《中华人民共和国公司法》和其他法律、行政法规的规定。

政府债券、证券投资基金份额的上市交易，适用本法；其他法律、行政法规另有规定的，适用其规定。

资产支持证券、资产管理产品发行、交易的管理办法，由国务院依照本法的原则规定。

在中华人民共和国境外的证券发行和交易活动，扰乱中华人民共和国境内市场秩序，损害境内投资者合法权益的，依照本法有关规定处理并追究法律责任。

第三条　证券的发行、交易活动，必须遵循公开、公平、公正的原则。

第四条　证券发行、交易活动的当事人具有平等的法律地位，应当遵守自愿、有偿、诚实信用的原则。

第五条　证券的发行、交易活动，必须遵守法律、行政法规；禁止欺诈、内幕交易和操纵证券市场的行为。

第六条　证券业和银行业、信托业、保险业实行分业经营、分业管理，证券公司与银行、信托、保险业务机构分别设立。国家另有规定的除外。

第七条　国务院证券监督管理机构依法对全国证券市场实行集中统一监督管理。

国务院证券监督管理机构根据需要可以设立派出机构，按照授权履行监督管理职责。

第八条 国家审计机关依法对证券交易场所、证券公司、证券登记结算机构、证券监督管理机构进行审计监督。

第二章 证券发行

第九条 公开发行证券，必须符合法律、行政法规规定的条件，并依法报经国务院证券监督管理机构或者国务院授权的部门注册。未经依法注册，任何单位和个人不得公开发行证券。证券发行注册制的具体范围、实施步骤，由国务院规定。

有下列情形之一的，为公开发行：

（一）向不特定对象发行证券；

（二）向特定对象发行证券累计超过二百人，但依法实施员工持股计划的员工人数不计算在内；

（三）法律、行政法规规定的其他发行行为。

非公开发行证券，不得采用广告、公开劝诱和变相公开方式。

第十条 发行人申请公开发行股票、可转换为股票的公司债券，依法采取承销方式的，或者公开发行法律、行政法规规定实行保荐制度的其他证券的，应当聘请证券公司担任保荐人。

保荐人应当遵守业务规则和行业规范，诚实守信，勤勉尽责，对发行人的申请文件和信息披露资料进行审慎核查，督导发行人规范运作。

保荐人的管理办法由国务院证券监督管理机构规定。

第十一条 设立股份有限公司公开发行股票，应当符合《中华人民共和国公司法》规定的条件和经国务院批准的国务院证券监督管理机构规定的其他条件，向国务院证券监督管理机构报送募股申请和下列文件：

（一）公司章程；

（二）发起人协议；

（三）发起人姓名或者名称，发起人认购的股份数、出资种类及验资证明；

（四）招股说明书；

（五）代收股款银行的名称及地址；

（六）承销机构名称及有关的协议。

依照本法规定聘请保荐人的，还应当报送保荐人出具的发行保荐书。

法律、行政法规规定设立公司必须报经批准的，还应当提交相应的批准文件。

第十二条 公司首次公开发行新股，应当符合下列条件：

（一）具备健全且运行良好的组织机构；

（二）具有持续经营能力；

（三）最近三年财务会计报告被出具无保留意见审计报告；

（四）发行人及其控股股东、实际控制人最近三年不存在贪污、贿赂、侵占财产、挪用财产或者破坏社会主义市场经济秩序的刑事犯罪；

（五）经国务院批准的国务院证券监督管理机构规定的其他条件。

上市公司发行新股，应当符合经国务院批准的国务院证券监督管理机构规定的条件，具体管理办法由国务院证券监督管理机构规定。

公开发行存托凭证的，应当符合首次公开发行新股的条件以及国务院证券监督管理机构规定的其他条件。

第十三条 公司公开发行新股，应当报送募股申请和下列文件：

（一）公司营业执照；

（二）公司章程；

（三）股东大会决议；

（四）招股说明书或者其他公开发行募集文件；

（五）财务会计报告；

（六）代收股款银行的名称及地址。

依照本法规定聘请保荐人的，还应当报送保荐人出具的发行保荐书。依照本法规定实行承销的，还应当报送承销机构名称及有关的协议。

第十四条 公司对公开发行股票所募集资金，必须按照招股说明书或者其他公开发行募集文件所列资金用途使用；改变资金用途，必须经股东大会作出决议。擅自改变用途，未作纠正的，或者未经股东大会认可的，不得公开发行新股。

第十五条 公开发行公司债券，应当符合下列条件：

（一）具备健全且运行良好的组织机构；

（二）最近三年平均可分配利润足以支付公司债券一年的利息；

（三）国务院规定的其他条件。

公开发行公司债券筹集的资金，必须按照公司债券募集办法所列资金用途使用；改变资金用途，必须经债券持有人会议作出决议。公开发行公司债券筹集的资金，不得用于弥补亏损和非生产性支出。

上市公司发行可转换为股票的公司债券，除应当符合第一款规定的条件外，还应当遵守本法第十二条第二款的规定。但是，按照公司债券募集办法，上市公司通过收购本公司股份的方式进行公司债券转换的除外。

第十六条 申请公开发行公司债券，应当向国务院授权的部门或者国务院证券监督管理机构报送下列文件：

（一）公司营业执照；

（二）公司章程；

（三）公司债券募集办法；

（四）国务院授权的部门或者国务院证券监督管理机构规定的其他文件。

依照本法规定聘请保荐人的，还应当报送保荐人出具的发行保荐书。

第十七条 有下列情形之一的，不得再次公开发行公司债券：

（一）对已公开发行的公司债券或者其他债务有违约或者延迟支付本息的事实，仍处于继续状态；

（二）违反本法规定，改变公开发行公司债券所募资金的用途。

第十八条 发行人依法申请公开发行证券所报送的申请文件的格式、报送方式，由依法负责注册的机构或者部门规定。

第十九条 发行人报送的证券发行申请文件，应当充分披露投资者作出价值判断和投资决策所必需的信息，内容应当真实、准确、完整。

为证券发行出具有关文件的证券服务机构和人员，必须严格履行法定职责，保证所出具文件的真实性、准确性和完整性。

第二十条 发行人申请首次公开发行股票的，在提交申请文件后，应当按照国务院证券监督管理机构的规定预先披露有关申请文件。

第二十一条 国务院证券监督管理机构或者国务院授权的部门依照法定条件负责证券发行申请的注册。证券公开发行注册的具体办法由国务院规定。

按照国务院的规定，证券交易所等可以审核公开发行证券申请，判断发行人是否符合发行条件、信息披露要求，督促发行人完善信息披露内容。

依照前两款规定参与证券发行申请注册的人员，不得与发行申请人有利害关系，不得直接或者间接接受发行申请人的馈赠，不得持有所注册的发行申请的证券，不得私下与发行申请人进行接触。

第二十二条 国务院证券监督管理机构或者国务院授权的部门应当自受理证券发行申请文件之日起三个月内，依照法定条件和法定程序作出予以注册或者不予注册的决定，发行人根据要求补充、修改发行申请文件的时间不计算在内。不予注册的，应当说明理由。

第二十三条 证券发行申请经注册后，发行人应当依照法律、行政法规的规定，在证券公开发行前公告公开发行募集文件，并将该文件置备于指定场所供公众查阅。

发行证券的信息依法公开前，任何知情人不得公开或者泄露该信息。

发行人不得在公告公开发行募集文件前发行证券。

第二十四条 国务院证券监督管理机构或者国务院授权的部门对已作出的证券发行注册的决定，发现不符合法定条件或者法定程序，尚未发行证券的，应当予以撤销，停止发行。已经发行尚未上市的，撤销发行注册决定，发行人应当按照发行价并加算银行同期存款利息返还证券持有人；发行人的控股股东、实际控制人以及保荐人，应当与发行人承担连带责任，但是能够证明自己没有过错的除外。

股票的发行人在招股说明书等证券发行文件中隐瞒重要事实或者编造重大虚假内容，已经发行并上市的，国务院证券监督管理机构可以责令发行人回购证券，或者责令负有责任的控股股东、实际控制人买回证券。

第二十五条 股票依法发行后，发行人经营与收益的变化，由发行人自行负责；由此变化引致的投资风险，由投资者自行负责。

第二十六条 发行人向不特定对象发行的证券，法律、行政法规规定应当由证券公司承销的，发行人应当同证券公司签订承销协议。证券承销业务采取代销或者包销方式。

证券代销是指证券公司代发行人发售证券，在承销期结束时，将未售出的证券全部退还给发行人的承销方式。

证券包销是指证券公司将发行人的证券按照协议全部购入或者在承销期结束时将售后剩余证券全部自行购入的承销方式。

第二十七条 公开发行证券的发行人有权依法自主选择承销的证券公司。

第二十八条 证券公司承销证券，应当同发行人签订代销或者包销协议，载明下列事项：

（一）当事人的名称、住所及法定代表人姓名；

（二）代销、包销证券的种类、数量、金额及发行价格；

（三）代销、包销的期限及起止日期；

（四）代销、包销的付款方式及日期；

（五）代销、包销的费用和结算办法；

（六）违约责任；

（七）国务院证券监督管理机构规定的其他事项。

第二十九条 证券公司承销证券，应当对公开发行募集文件的真实性、准确性、完整性进行核查。发现有虚假记载、误导性陈述或者重大遗漏的，不得进行销售活动；已经销售的，必须立即停止销售活动，并采取纠正措施。

证券公司承销证券，不得有下列行为：

（一）进行虚假的或者误导投资者的广告宣传或者其他宣传推介活动；

（二）以不正当竞争手段招揽承销业务；

（三）其他违反证券承销业务规定的行为。

证券公司有前款所列行为，给其他证券承销机构或者投资者造成损失的，应当依法承担赔偿责任。

第三十条 向不特定对象发行证券聘请承销团承销的，承销团应当由主承销和参与承销的证券公司组成。

第三十一条 证券的代销、包销期限最长不得超过九十日。

证券公司在代销、包销期内，对所代销、包销的证券应当保证先行出售给认购人，证券公司不得为本公司预留所代销的证券和预先购入并留存所包销的证券。

第三十二条 股票发行采取溢价发行的，其发行价格由发行人与承销的证券公司协商确定。

第三十三条 股票发行采用代销方式，代销期限届满，向投资者出售的股票数量未达到拟公开发行股票数量百分之七十的，为发行失败。发行人应当按照发行价并加算银行同期存款利息返还股票认购人。

第三十四条 公开发行股票，代销、包销期限届满，发行人应当在规定的期限内将股票发行情况报国务院证券监督管理机构备案。

第三章 证券交易

第一节 一般规定

第三十五条 证券交易当事人依法买卖的证券，必须是依法发行并交付的证券。

非依法发行的证券，不得买卖。

第三十六条 依法发行的证券，《中华人民共和国公司法》和其他法律对其转让期限有限制性规定的，在限定的期限内不得转让。

上市公司持有百分之五以上股份的股东、实际控制人、董事、监事、高级管理人员，以及其他持有发行人首次公开发行前发行的股份或者上市公司向特定对象发行的股份的股东，转让其持有的本公司股份的，不得违反法律、行政法规和国务院证券监督管理机构关于持有期限、卖出时间、卖出数量、卖出方式、信息披露等规定，并应当遵守证券交易所的业务规则。

第三十七条 公开发行的证券，应当在依法设立的证券交易所上市交易或者在国务院批准的其他全国性证券交易场所交易。

非公开发行的证券，可以在证券交易所、国务院批准的其他全国性证券交易场所、按照国务院规定设立的区域性股权市场转让。

第三十八条 证券在证券交易所上市交易，应当采用公开的集中交易方式或者国务院证券监督管理机构批准的其他方式。

第三十九条 证券交易当事人买卖的证券可以采用纸面形式或者国务院证券监督管理机构规定的其他形式。

第四十条 证券交易场所、证券公司和证券登记结算机构的从业人员，证券监督管理机构的工作人员以及法律、行政法规规定禁止参与股票交易的其他人员，在任期或者法定限期内，不得直接或者以化名、借他人名义持有、买卖股票或者其他具有股权性质的证券，也不得收受他人赠送的股票或者其他具有股权性质的证券。

任何人在成为前款所列人员时，其原已持有的股票或者其他具有股权性质的证券，必须依法转让。

实施股权激励计划或者员工持股计划的证券公司的从业人员，可以按照国务院证券监督管理机构的规定持有、卖出本公司股票或者其他具有股权性质的证券。

第四十一条 证券交易场所、证券公司、证券登记结算机构、证券服务机构及其工作人员应当依法为投资者的信息保密，不得非法买卖、提供或者公开投资者的信息。

证券交易场所、证券公司、证券登记结算机构、证券服务机构及其工作人员不得泄露所知悉的商业秘密。

第四十二条 为证券发行出具审计报告或者法律意见书等文件的证券服务机构和人员，在该证券承销期内和期满后六个月内，不得买卖该证券。

除前款规定外，为发行人及其控股股东、实际控制人，或者收购人、重大资产交易方出具审计报告或者法律意见书等文件的证券服务机构和人员，自接受委托之日起至上述文件公开后五日内，不得买卖该证券。实际开展上述有关工作之日早于接受委托之日的，自实际开展上述有关工作之日起至上述文件公开后五日内，不得买卖该证券。

第四十三条 证券交易的收费必须合理，并公开收费项目、收费标准和管理办法。

第四十四条 上市公司、股票在国务院批准的其他全国性证券交易场所交易的公司持有百分之五以上股份的股东、董事、监事、高级管理人员，将其持有的该公司的股票或者其他具有股权性质的证券在买入后六个月内卖出，或者在卖出后六个月内又买入，由此所得收益归该公司所有，公司董事会应当收回其所得收益。但是，证券公司因购入包销售后剩余股票而持有百分之五以上股份，以及有国务院证券监督管理机构规定的其他情形的除外。

前款所称董事、监事、高级管理人员、自然人股东持有的股票或者其他具有股权性质的证券，包括其配偶、父母、子女持有的及利用他人账户持有的股票或者其他具有股权性质的证券。

公司董事会不按照第一款规定执行的，股东有权要求董事会在三十日内执行。公司董事会未在上述期限内执行的，股东有权为了公司的利益以自己的名义直接向人民法院提起诉讼。

公司董事会不按照第一款的规定执行的，负有责任的董事依法承担连带责任。

第四十五条 通过计算机程序自动生成或者下达交易指令进行程序化交

易的，应当符合国务院证券监督管理机构的规定，并向证券交易所报告，不得影响证券交易所系统安全或者正常交易秩序。

第二节　证券上市

第四十六条　申请证券上市交易，应当向证券交易所提出申请，由证券交易所依法审核同意，并由双方签订上市协议。

证券交易所根据国务院授权的部门的决定安排政府债券上市交易。

第四十七条　申请证券上市交易，应当符合证券交易所上市规则规定的上市条件。

证券交易所上市规则规定的上市条件，应当对发行人的经营年限、财务状况、最低公开发行比例和公司治理、诚信记录等提出要求。

第四十八条　上市交易的证券，有证券交易所规定的终止上市情形的，由证券交易所按照业务规则终止其上市交易。

证券交易所决定终止证券上市交易的，应当及时公告，并报国务院证券监督管理机构备案。

第四十九条　对证券交易所作出的不予上市交易、终止上市交易决定不服的，可以向证券交易所设立的复核机构申请复核。

第三节　禁止的交易行为

第五十条　禁止证券交易内幕信息的知情人和非法获取内幕信息的人利用内幕信息从事证券交易活动。

第五十一条　证券交易内幕信息的知情人包括：

（一）发行人及其董事、监事、高级管理人员；

（二）持有公司百分之五以上股份的股东及其董事、监事、高级管理人员，公司的实际控制人及其董事、监事、高级管理人员；

（三）发行人控股或者实际控制的公司及其董事、监事、高级管理人员；

（四）由于所任公司职务或者因与公司业务往来可以获取公司有关内幕信息的人员；

（五）上市公司收购人或者重大资产交易方及其控股股东、实际控制人、董事、监事和高级管理人员；

（六）因职务、工作可以获取内幕信息的证券交易场所、证券公司、证券登记结算机构、证券服务机构的有关人员；

（七）因职责、工作可以获取内幕信息的证券监督管理机构工作人员；

（八）因法定职责对证券的发行、交易或者对上市公司及其收购、重大资产交易进行管理可以获取内幕信息的有关主管部门、监管机构的工作人员；

（九）国务院证券监督管理机构规定的可以获取内幕信息的其他人员。

第五十二条 证券交易活动中，涉及发行人的经营、财务或者对该发行人证券的市场价格有重大影响的尚未公开的信息，为内幕信息。

本法第八十条第二款、第八十一条第二款所列重大事件属于内幕信息。

第五十三条 证券交易内幕信息的知情人和非法获取内幕信息的人，在内幕信息公开前，不得买卖该公司的证券，或者泄露该信息，或者建议他人买卖该证券。

持有或者通过协议、其他安排与他人共同持有公司百分之五以上股份的自然人、法人、非法人组织收购上市公司的股份，本法另有规定的，适用其规定。

内幕交易行为给投资者造成损失的，应当依法承担赔偿责任。

第五十四条 禁止证券交易场所、证券公司、证券登记结算机构、证券服务机构和其他金融机构的从业人员、有关监管部门或者行业协会的工作人员，利用因职务便利获取的内幕信息以外的其他未公开的信息，违反规定，从事与该信息相关的证券交易活动，或者明示、暗示他人从事相关交易活动。

利用未公开信息进行交易给投资者造成损失的，应当依法承担赔偿责任。

第五十五条 禁止任何人以下列手段操纵证券市场，影响或者意图影响证券交易价格或者证券交易量：

（一）单独或者通过合谋，集中资金优势、持股优势或者利用信息优势联合或者连续买卖；

（二）与他人串通，以事先约定的时间、价格和方式相互进行证券交易；

（三）在自己实际控制的账户之间进行证券交易；

（四）不以成交为目的，频繁或者大量申报并撤销申报；

（五）利用虚假或者不确定的重大信息，诱导投资者进行证券交易；

（六）对证券、发行人公开作出评价、预测或者投资建议，并进行反向证券交易；

（七）利用在其他相关市场的活动操纵证券市场；

（八）操纵证券市场的其他手段。

操纵证券市场行为给投资者造成损失的，应当依法承担赔偿责任。

第五十六条 禁止任何单位和个人编造、传播虚假信息或者误导性信息，扰乱证券市场。

禁止证券交易场所、证券公司、证券登记结算机构、证券服务机构及其从业人员，证券业协会、证券监督管理机构及其工作人员，在证券交易活动中作出虚假陈述或者信息误导。

各种传播媒介传播证券市场信息必须真实、客观，禁止误导。传播媒介及其从事证券市场信息报道的工作人员不得从事与其工作职责发生利益冲突的证券买卖。

编造、传播虚假信息或者误导性信息，扰乱证券市场，给投资者造成损失的，应当依法承担赔偿责任。

第五十七条 禁止证券公司及其从业人员从事下列损害客户利益的行为：

（一）违背客户的委托为其买卖证券；

（二）不在规定时间内向客户提供交易的确认文件；

（三）未经客户的委托，擅自为客户买卖证券，或者假借客户的名义买卖证券；

（四）为牟取佣金收入，诱使客户进行不必要的证券买卖；

（五）其他违背客户真实意思表示，损害客户利益的行为。

违反前款规定给客户造成损失的，应当依法承担赔偿责任。

第五十八条 任何单位和个人不得违反规定，出借自己的证券账户或者借用他人的证券账户从事证券交易。

第五十九条 依法拓宽资金入市渠道，禁止资金违规流入股市。

禁止投资者违规利用财政资金、银行信贷资金买卖证券。

第六十条 国有独资企业、国有独资公司、国有资本控股公司买卖上市交易的股票，必须遵守国家有关规定。

第六十一条 证券交易场所、证券公司、证券登记结算机构、证券服务机构及其从业人员对证券交易中发现的禁止的交易行为，应当及时向证券监督管理机构报告。

第四章　上市公司的收购

第六十二条　投资者可以采取要约收购、协议收购及其他合法方式收购上市公司。

第六十三条　通过证券交易所的证券交易，投资者持有或者通过协议、其他安排与他人共同持有一个上市公司已发行的有表决权股份达到百分之五时，应当在该事实发生之日起三日内，向国务院证券监督管理机构、证券交易所作出书面报告，通知该上市公司，并予公告，在上述期限内不得再行买卖该上市公司的股票，但国务院证券监督管理机构规定的情形除外。

投资者持有或者通过协议、其他安排与他人共同持有一个上市公司已发行的有表决权股份达到百分之五后，其所持该上市公司已发行的有表决权股份比例每增加或者减少百分之五，应当依照前款规定进行报告和公告，在该事实发生之日起至公告后三日内，不得再行买卖该上市公司的股票，但国务院证券监督管理机构规定的情形除外。

投资者持有或者通过协议、其他安排与他人共同持有一个上市公司已发行的有表决权股份达到百分之五后，其所持该上市公司已发行的有表决权股份比例每增加或者减少百分之一，应当在该事实发生的次日通知该上市公司，并予公告。

违反第一款、第二款规定买入上市公司有表决权的股份的，在买入后的三十六个月内，对该超过规定比例部分的股份不得行使表决权。

第六十四条　依照前条规定所作的公告，应当包括下列内容：

（一）持股人的名称、住所；

（二）持有的股票的名称、数额；

（三）持股达到法定比例或者持股增减变化达到法定比例的日期、增持股份的资金来源；

（四）在上市公司中拥有有表决权的股份变动的时间及方式。

第六十五条　通过证券交易所的证券交易，投资者持有或者通过协议、其他安排与他人共同持有一个上市公司已发行的有表决权股份达到百分之三十时，继续进行收购的，应当依法向该上市公司所有股东发出收购上市公司全部或者部分股份的要约。

收购上市公司部分股份的要约应当约定，被收购公司股东承诺出售的股份数额超过预定收购的股份数额的，收购人按比例进行收购。

第六十六条 依照前条规定发出收购要约，收购人必须公告上市公司收购报告书，并载明下列事项：

（一）收购人的名称、住所；

（二）收购人关于收购的决定；

（三）被收购的上市公司名称；

（四）收购目的；

（五）收购股份的详细名称和预定收购的股份数额；

（六）收购期限、收购价格；

（七）收购所需资金额及资金保证；

（八）公告上市公司收购报告书时持有被收购公司股份数占该公司已发行的股份总数的比例。

第六十七条 收购要约约定的收购期限不得少于三十日，并不得超过六十日。

第六十八条 在收购要约确定的承诺期限内，收购人不得撤销其收购要约。收购人需要变更收购要约的，应当及时公告，载明具体变更事项，且不得存在下列情形：

（一）降低收购价格；

（二）减少预定收购股份数额；

（三）缩短收购期限；

（四）国务院证券监督管理机构规定的其他情形。

第六十九条 收购要约提出的各项收购条件，适用于被收购公司的所有股东。

上市公司发行不同种类股份的，收购人可以针对不同种类股份提出不同的收购条件。

第七十条 采取要约收购方式的，收购人在收购期限内，不得卖出被收购公司的股票，也不得采取要约规定以外的形式和超出要约的条件买入被收购公司的股票。

第七十一条 采取协议收购方式的，收购人可以依照法律、行政法规的规定同被收购公司的股东以协议方式进行股份转让。

以协议方式收购上市公司时，达成协议后，收购人必须在三日内将该收购协议向国务院证券监督管理机构及证券交易所作出书面报告，并予公告。

在公告前不得履行收购协议。

第七十二条 采取协议收购方式的，协议双方可以临时委托证券登记结算机构保管协议转让的股票，并将资金存放于指定的银行。

第七十三条 采取协议收购方式的，收购人收购或者通过协议、其他安排与他人共同收购一个上市公司已发行的有表决权股份达到百分之三十时，继续进行收购的，应当依法向该上市公司所有股东发出收购上市公司全部或者部分股份的要约。但是，按照国务院证券监督管理机构的规定免除发出要约的除外。

收购人依照前款规定以要约方式收购上市公司股份，应当遵守本法第六十五条第二款、第六十六条至第七十条的规定。

第七十四条 收购期限届满，被收购公司股权分布不符合证券交易所规定的上市交易要求的，该上市公司的股票应当由证券交易所依法终止上市交易；其余仍持有被收购公司股票的股东，有权向收购人以收购要约的同等条件出售其股票，收购人应当收购。

收购行为完成后，被收购公司不再具备股份有限公司条件的，应当依法变更企业形式。

第七十五条 在上市公司收购中，收购人持有的被收购的上市公司的股票，在收购行为完成后的十八个月内不得转让。

第七十六条 收购行为完成后，收购人与被收购公司合并，并将该公司解散的，被解散公司的原有股票由收购人依法更换。

收购行为完成后，收购人应当在十五日内将收购情况报告国务院证券监督管理机构和证券交易所，并予公告。

第七十七条 国务院证券监督管理机构依照本法制定上市公司收购的具体办法。

上市公司分立或者被其他公司合并，应当向国务院证券监督管理机构报告，并予公告。

第五章 信息披露

第七十八条 发行人及法律、行政法规和国务院证券监督管理机构规定的其他信息披露义务人，应当及时依法履行信息披露义务。

信息披露义务人披露的信息，应当真实、准确、完整，简明清晰，通俗易懂，不得有虚假记载、误导性陈述或者重大遗漏。

证券同时在境内境外公开发行、交易的，其信息披露义务人在境外披露的信息，应当在境内同时披露。

第七十九条 上市公司、公司债券上市交易的公司、股票在国务院批准的其他全国性证券交易场所交易的公司，应当按照国务院证券监督管理机构和证券交易场所规定的内容和格式编制定期报告，并按照以下规定报送和公告：

（一）在每一会计年度结束之日起四个月内，报送并公告年度报告，其中的年度财务会计报告应当经符合本法规定的会计师事务所审计；

（二）在每一会计年度的上半年结束之日起二个月内，报送并公告中期报告。

第八十条 发生可能对上市公司、股票在国务院批准的其他全国性证券交易场所交易的公司的股票交易价格产生较大影响的重大事件，投资者尚未得知时，公司应当立即将有关该重大事件的情况向国务院证券监督管理机构和证券交易场所报送临时报告，并予公告，说明事件的起因、目前的状态和可能产生的法律后果。

前款所称重大事件包括：

（一）公司的经营方针和经营范围的重大变化；

（二）公司的重大投资行为，公司在一年内购买、出售重大资产超过公司资产总额百分之三十，或者公司营业用主要资产的抵押、质押、出售或者报废一次超过该资产的百分之三十；

（三）公司订立重要合同、提供重大担保或者从事关联交易，可能对公司的资产、负债、权益和经营成果产生重要影响；

（四）公司发生重大债务和未能清偿到期重大债务的违约情况；

（五）公司发生重大亏损或者重大损失；

（六）公司生产经营的外部条件发生的重大变化；

（七）公司的董事、三分之一以上监事或者经理发生变动，董事长或者经理无法履行职责；

（八）持有公司百分之五以上股份的股东或者实际控制人持有股份或者控制公司的情况发生较大变化，公司的实际控制人及其控制的其他企业从事与公司相同或者相似业务的情况发生较大变化；

（九）公司分配股利、增资的计划，公司股权结构的重要变化，公司减资、合并、分立、解散及申请破产的决定，或者依法进入破产程序、被责令关闭；

（十）涉及公司的重大诉讼、仲裁，股东大会、董事会决议被依法撤销或者宣告无效；

（十一）公司涉嫌犯罪被依法立案调查，公司的控股股东、实际控制人、董事、监事、高级管理人员涉嫌犯罪被依法采取强制措施；

（十二）国务院证券监督管理机构规定的其他事项。

公司的控股股东或者实际控制人对重大事件的发生、进展产生较大影响的，应当及时将其知悉的有关情况书面告知公司，并配合公司履行信息披露义务。

第八十一条 发生可能对上市交易公司债券的交易价格产生较大影响的重大事件，投资者尚未得知时，公司应当立即将有关该重大事件的情况向国务院证券监督管理机构和证券交易场所报送临时报告，并予公告，说明事件的起因、目前的状态和可能产生的法律后果。

前款所称重大事件包括：

（一）公司股权结构或者生产经营状况发生重大变化；

（二）公司债券信用评级发生变化；

（三）公司重大资产抵押、质押、出售、转让、报废；

（四）公司发生未能清偿到期债务的情况；

（五）公司新增借款或者对外提供担保超过上年末净资产的百分之二十；

（六）公司放弃债权或者财产超过上年末净资产的百分之十；

（七）公司发生超过上年末净资产百分之十的重大损失；

（八）公司分配股利，作出减资、合并、分立、解散及申请破产的决定，或者依法进入破产程序、被责令关闭；

（九）涉及公司的重大诉讼、仲裁；

（十）公司涉嫌犯罪被依法立案调查，公司的控股股东、实际控制人、董事、监事、高级管理人员涉嫌犯罪被依法采取强制措施；

（十一）国务院证券监督管理机构规定的其他事项。

第八十二条 发行人的董事、高级管理人员应当对证券发行文件和定期报告签署书面确认意见。

发行人的监事会应当对董事会编制的证券发行文件和定期报告进行审核并提出书面审核意见。监事应当签署书面确认意见。

发行人的董事、监事和高级管理人员应当保证发行人及时、公平地披露信息，所披露的信息真实、准确、完整。

董事、监事和高级管理人员无法保证证券发行文件和定期报告内容的真实性、准确性、完整性或者有异议的，应当在书面确认意见中发表意见并陈述理由，发行人应当披露。发行人不予披露的，董事、监事和高级管理人员可以直接申请披露。

第八十三条 信息披露义务人披露的信息应当同时向所有投资者披露，不得提前向任何单位和个人泄露。但是，法律、行政法规另有规定的除外。

任何单位和个人不得非法要求信息披露义务人提供依法需要披露但尚未披露的信息。任何单位和个人提前获知的前述信息，在依法披露前应当保密。

第八十四条 除依法需要披露的信息之外，信息披露义务人可以自愿披露与投资者作出价值判断和投资决策有关的信息，但不得与依法披露的信息相冲突，不得误导投资者。

发行人及其控股股东、实际控制人、董事、监事、高级管理人员等作出公开承诺的，应当披露。不履行承诺给投资者造成损失的，应当依法承担赔偿责任。

第八十五条 信息披露义务人未按照规定披露信息，或者公告的证券发行文件、定期报告、临时报告及其他信息披露资料存在虚假记载、误导性陈述或者重大遗漏，致使投资者在证券交易中遭受损失的，信息披露义务人应当承担赔偿责任；发行人的控股股东、实际控制人、董事、监事、高级管理人员和其他直接责任人员以及保荐人、承销的证券公司及其直接责任人员，应当与发行人承担连带赔偿责任，但是能够证明自己没有过错的除外。

第八十六条 依法披露的信息，应当在证券交易场所的网站和符合国务院证券监督管理机构规定条件的媒体发布，同时将其置备于公司住所、证券交易场所，供社会公众查阅。

第八十七条 国务院证券监督管理机构对信息披露义务人的信息披露行为进行监督管理。

证券交易场所应当对其组织交易的证券的信息披露义务人的信息披露行为进行监督，督促其依法及时、准确地披露信息。

第六章 投资者保护

第八十八条 证券公司向投资者销售证券、提供服务时，应当按照规定充分了解投资者的基本情况、财产状况、金融资产状况、投资知识和经验、专业能力等相关信息；如实说明证券、服务的重要内容，充分揭示投资风险；销售、提供与投资者上述状况相匹配的证券、服务。

投资者在购买证券或者接受服务时，应当按照证券公司明示的要求提供前款所列真实信息。拒绝提供或者未按照要求提供信息的，证券公司应当告知其后果，并按照规定拒绝向其销售证券、提供服务。

证券公司违反第一款规定导致投资者损失的，应当承担相应的赔偿责任。

第八十九条 根据财产状况、金融资产状况、投资知识和经验、专业能力等因素，投资者可以分为普通投资者和专业投资者。专业投资者的标准由国务院证券监督管理机构规定。

普通投资者与证券公司发生纠纷的，证券公司应当证明其行为符合法律、行政法规以及国务院证券监督管理机构的规定，不存在误导、欺诈等情形。证券公司不能证明的，应当承担相应的赔偿责任。

第九十条 上市公司董事会、独立董事、持有百分之一以上有表决权股份的股东或者依照法律、行政法规或者国务院证券监督管理机构的规定设立的投资者保护机构（以下简称投资者保护机构），可以作为征集人，自行或者委托证券公司、证券服务机构，公开请求上市公司股东委托其代为出席股东大会，并代为行使提案权、表决权等股东权利。

依照前款规定征集股东权利的，征集人应当披露征集文件，上市公司应当予以配合。

禁止以有偿或者变相有偿的方式公开征集股东权利。

公开征集股东权利违反法律、行政法规或者国务院证券监督管理机构有关规定，导致上市公司或者其股东遭受损失的，应当依法承担赔偿责任。

第九十一条 上市公司应当在章程中明确分配现金股利的具体安排和决策程序，依法保障股东的资产收益权。

上市公司当年税后利润，在弥补亏损及提取法定公积金后有盈余的，应当按照公司章程的规定分配现金股利。

第九十二条 公开发行公司债券的，应当设立债券持有人会议，并应当在募集说明书中说明债券持有人会议的召集程序、会议规则和其他重要事项。

公开发行公司债券的，发行人应当为债券持有人聘请债券受托管理人，并订立债券受托管理协议。受托管理人应当由本次发行的承销机构或者其他经国务院证券监督管理机构认可的机构担任，债券持有人会议可以决议变更债券受托管理人。债券受托管理人应当勤勉尽责，公正履行受托管理职责，不得损害债券持有人利益。

债券发行人未能按期兑付债券本息的，债券受托管理人可以接受全部或者部分债券持有人的委托，以自己名义代表债券持有人提起、参加民事诉讼或者清算程序。

第九十三条 发行人因欺诈发行、虚假陈述或者其他重大违法行为给投资者造成损失的，发行人的控股股东、实际控制人、相关的证券公司可以委托投资者保护机构，就赔偿事宜与受到损失的投资者达成协议，予以先行赔付。先行赔付后，可以依法向发行人以及其他连带责任人追偿。

第九十四条 投资者与发行人、证券公司等发生纠纷的，双方可以向投资者保护机构申请调解。普通投资者与证券公司发生证券业务纠纷，普通投资者提出调解请求的，证券公司不得拒绝。

投资者保护机构对损害投资者利益的行为，可以依法支持投资者向人民法院提起诉讼。

发行人的董事、监事、高级管理人员执行公司职务时违反法律、行政法规或者公司章程的规定给公司造成损失，发行人的控股股东、实际控制人等侵犯公司合法权益给公司造成损失，投资者保护机构持有该公司股份的，可以为公司的利益以自己的名义向人民法院提起诉讼，持股比例和持股期限不受《中华人民共和国公司法》规定的限制。

第九十五条 投资者提起虚假陈述等证券民事赔偿诉讼时，诉讼标的是同一种类，且当事人一方人数众多的，可以依法推选代表人进行诉讼。

对按照前款规定提起的诉讼，可能存在有相同诉讼请求的其他众多投资者的，人民法院可以发出公告，说明该诉讼请求的案件情况，通知投资者在一定期间向人民法院登记。人民法院作出的判决、裁定，对参加登记的投资者发生效力。

投资者保护机构受五十名以上投资者委托，可以作为代表人参加诉讼，并为经证券登记结算机构确认的权利人依照前款规定向人民法院登记，但投资者明确表示不愿意参加该诉讼的除外。

第七章　证券交易场所

第九十六条　证券交易所、国务院批准的其他全国性证券交易场所为证券集中交易提供场所和设施，组织和监督证券交易，实行自律管理，依法登记，取得法人资格。

证券交易所、国务院批准的其他全国性证券交易场所的设立、变更和解散由国务院决定。

国务院批准的其他全国性证券交易场所的组织机构、管理办法等，由国务院规定。

第九十七条　证券交易所、国务院批准的其他全国性证券交易场所可以根据证券品种、行业特点、公司规模等因素设立不同的市场层次。

第九十八条　按照国务院规定设立的区域性股权市场为非公开发行证券的发行、转让提供场所和设施，具体管理办法由国务院规定。

第九十九条　证券交易所履行自律管理职能，应当遵守社会公共利益优先原则，维护市场的公平、有序、透明。

设立证券交易所必须制定章程。证券交易所章程的制定和修改，必须经国务院证券监督管理机构批准。

第一百条　证券交易所必须在其名称中标明证券交易所字样。其他任何单位或者个人不得使用证券交易所或者近似的名称。

第一百零一条　证券交易所可以自行支配的各项费用收入，应当首先用于保证其证券交易场所和设施的正常运行并逐步改善。

实行会员制的证券交易所的财产积累归会员所有，其权益由会员共同享有，在其存续期间，不得将其财产积累分配给会员。

第一百零二条 实行会员制的证券交易所设理事会、监事会。

证券交易所设总经理一人，由国务院证券监督管理机构任免。

第一百零三条 有《中华人民共和国公司法》第一百四十六条规定的情形或者下列情形之一的，不得担任证券交易所的负责人：

（一）因违法行为或者违纪行为被解除职务的证券交易场所、证券登记结算机构的负责人或者证券公司的董事、监事、高级管理人员，自被解除职务之日起未逾五年；

（二）因违法行为或者违纪行为被吊销执业证书或者被取消资格的律师、注册会计师或者其他证券服务机构的专业人员，自被吊销执业证书或者被取消资格之日起未逾五年。

第一百零四条 因违法行为或者违纪行为被开除的证券交易场所、证券公司、证券登记结算机构、证券服务机构的从业人员和被开除的国家机关工作人员，不得招聘为证券交易所的从业人员。

第一百零五条 进入实行会员制的证券交易所参与集中交易的，必须是证券交易所的会员。证券交易所不得允许非会员直接参与股票的集中交易。

第一百零六条 投资者应当与证券公司签订证券交易委托协议，并在证券公司实名开立账户，以书面、电话、自助终端、网络等方式，委托该证券公司代其买卖证券。

第一百零七条 证券公司为投资者开立账户，应当按照规定对投资者提供的身份信息进行核对。

证券公司不得将投资者的账户提供给他人使用。

投资者应当使用实名开立的账户进行交易。

第一百零八条 证券公司根据投资者的委托，按照证券交易规则提出交易申报，参与证券交易所场内的集中交易，并根据成交结果承担相应的清算交收责任。证券登记结算机构根据成交结果，按照清算交收规则，与证券公司进行证券和资金的清算交收，并为证券公司客户办理证券的登记过户手续。

第一百零九条 证券交易所应当为组织公平的集中交易提供保障，实时公布证券交易即时行情，并按交易日制作证券市场行情表，予以公布。

证券交易即时行情的权益由证券交易所依法享有。未经证券交易所许可，任何单位和个人不得发布证券交易即时行情。

第一百一十条 上市公司可以向证券交易所申请其上市交易股票的停牌或者复牌，但不得滥用停牌或者复牌损害投资者的合法权益。

证券交易所可以按照业务规则的规定，决定上市交易股票的停牌或者复牌。

第一百一十一条 因不可抗力、意外事件、重大技术故障、重大人为差错等突发性事件而影响证券交易正常进行时，为维护证券交易正常秩序和市场公平，证券交易所可以按照业务规则采取技术性停牌、临时停市等处置措施，并应当及时向国务院证券监督管理机构报告。

因前款规定的突发性事件导致证券交易结果出现重大异常，按交易结果进行交收将对证券交易正常秩序和市场公平造成重大影响的，证券交易所按照业务规则可以采取取消交易、通知证券登记结算机构暂缓交收等措施，并应当及时向国务院证券监督管理机构报告并公告。

证券交易所对其依照本条规定采取措施造成的损失，不承担民事赔偿责任，但存在重大过错的除外。

第一百一十二条 证券交易所对证券交易实行实时监控，并按照国务院证券监督管理机构的要求，对异常的交易情况提出报告。

证券交易所根据需要，可以按照业务规则对出现重大异常交易情况的证券账户的投资者限制交易，并及时报告国务院证券监督管理机构。

第一百一十三条 证券交易所应当加强对证券交易的风险监测，出现重大异常波动的，证券交易所可以按照业务规则采取限制交易、强制停牌等处置措施，并向国务院证券监督管理机构报告；严重影响证券市场稳定的，证券交易所可以按照业务规则采取临时停市等处置措施并公告。

证券交易所对其依照本条规定采取措施造成的损失，不承担民事赔偿责任，但存在重大过错的除外。

第一百一十四条 证券交易所应当从其收取的交易费用和会员费、席位费中提取一定比例的金额设立风险基金。风险基金由证券交易所理事会管理。

风险基金提取的具体比例和使用办法，由国务院证券监督管理机构会同国务院财政部门规定。

证券交易所应当将收存的风险基金存入开户银行专门账户，不得擅自使用。

第一百一十五条 证券交易所依照法律、行政法规和国务院证券监督管理机构的规定，制定上市规则、交易规则、会员管理规则和其他有关业务规则，并报国务院证券监督管理机构批准。

在证券交易所从事证券交易，应当遵守证券交易所依法制定的业务规则。违反业务规则的，由证券交易所给予纪律处分或者采取其他自律管理措施。

第一百一十六条 证券交易所的负责人和其他从业人员执行与证券交易有关的职务时，与其本人或者其亲属有利害关系的，应当回避。

第一百一十七条 按照依法制定的交易规则进行的交易，不得改变其交易结果，但本法第一百一十一条第二款规定的除外。对交易中违规交易者应负的民事责任不得免除；在违规交易中所获利益，依照有关规定处理。

第八章 证券公司

第一百一十八条 设立证券公司，应当具备下列条件，并经国务院证券监督管理机构批准：

（一）有符合法律、行政法规规定的公司章程；

（二）主要股东及公司的实际控制人具有良好的财务状况和诚信记录，最近三年无重大违法违规记录；

（三）有符合本法规定的公司注册资本；

（四）董事、监事、高级管理人员、从业人员符合本法规定的条件；

（五）有完善的风险管理与内部控制制度；

（六）有合格的经营场所、业务设施和信息技术系统；

（七）法律、行政法规和经国务院批准的国务院证券监督管理机构规定的其他条件。

未经国务院证券监督管理机构批准，任何单位和个人不得以证券公司名义开展证券业务活动。

第一百一十九条 国务院证券监督管理机构应当自受理证券公司设立申请之日起六个月内，依照法定条件和法定程序并根据审慎监管原则进行审查，作出批准或者不予批准的决定，并通知申请人；不予批准的，应当说明理由。

证券公司设立申请获得批准的，申请人应当在规定的期限内向公司登记机关申请设立登记，领取营业执照。

证券公司应当自领取营业执照之日起十五日内，向国务院证券监督管理机构申请经营证券业务许可证。未取得经营证券业务许可证，证券公司不得经营证券业务。

第一百二十条 经国务院证券监督管理机构核准，取得经营证券业务许可证，证券公司可以经营下列部分或者全部证券业务：

（一）证券经纪；

（二）证券投资咨询；

（三）与证券交易、证券投资活动有关的财务顾问；

（四）证券承销与保荐；

（五）证券融资融券；

（六）证券做市交易；

（七）证券自营；

（八）其他证券业务。

国务院证券监督管理机构应当自受理前款规定事项申请之日起三个月内，依照法定条件和程序进行审查，作出核准或者不予核准的决定，并通知申请人；不予核准的，应当说明理由。

证券公司经营证券资产管理业务的，应当符合《中华人民共和国证券投资基金法》等法律、行政法规的规定。

除证券公司外，任何单位和个人不得从事证券承销、证券保荐、证券经纪和证券融资融券业务。

证券公司从事证券融资融券业务，应当采取措施，严格防范和控制风险，不得违反规定向客户出借资金或者证券。

第一百二十一条 证券公司经营本法第一百二十条第一款第（一）项至第（三）项业务的，注册资本最低限额为人民币五千万元；经营第（四）项至第（八）项业务之一的，注册资本最低限额为人民币一亿元；经营第（四）项至第（八）项业务中两项以上的，注册资本最低限额为人民币五亿元。证券公司的注册资本应当是实缴资本。

国务院证券监督管理机构根据审慎监管原则和各项业务的风险程度，可以调整注册资本最低限额，但不得少于前款规定的限额。

第一百二十二条 证券公司变更证券业务范围，变更主要股东或者公司的实际控制人，合并、分立、停业、解散、破产，应当经国务院证券监督管理机构核准。

第一百二十三条 国务院证券监督管理机构应当对证券公司净资本和其他风险控制指标作出规定。

证券公司除依照规定为其客户提供融资融券外，不得为其股东或者股东的关联人提供融资或者担保。

第一百二十四条 证券公司的董事、监事、高级管理人员，应当正直诚实、品行良好，熟悉证券法律、行政法规，具有履行职责所需的经营管理能力。证券公司任免董事、监事、高级管理人员，应当报国务院证券监督管理机构备案。

有《中华人民共和国公司法》第一百四十六条规定的情形或者下列情形之一的，不得担任证券公司的董事、监事、高级管理人员：

（一）因违法行为或者违纪行为被解除职务的证券交易场所、证券登记结算机构的负责人或者证券公司的董事、监事、高级管理人员，自被解除职务之日起未逾五年；

（二）因违法行为或者违纪行为被吊销执业证书或者被取消资格的律师、注册会计师或者其他证券服务机构的专业人员，自被吊销执业证书或者被取消资格之日起未逾五年。

第一百二十五条 证券公司从事证券业务的人员应当品行良好，具备从事证券业务所需的专业能力。

因违法行为或者违纪行为被开除的证券交易场所、证券公司、证券登记结算机构、证券服务机构的从业人员和被开除的国家机关工作人员，不得招聘为证券公司的从业人员。

国家机关工作人员和法律、行政法规规定的禁止在公司中兼职的其他人员，不得在证券公司中兼任职务。

第一百二十六条 国家设立证券投资者保护基金。证券投资者保护基金由证券公司缴纳的资金及其他依法筹集的资金组成，其规模以及筹集、管理和使用的具体办法由国务院规定。

第一百二十七条 证券公司从每年的业务收入中提取交易风险准备金，用于弥补证券经营的损失，其提取的具体比例由国务院证券监督管理机构会同国务院财政部门规定。

第一百二十八条 证券公司应当建立健全内部控制制度，采取有效隔离措施，防范公司与客户之间、不同客户之间的利益冲突。

证券公司必须将其证券经纪业务、证券承销业务、证券自营业务、证券做市业务和证券资产管理业务分开办理，不得混合操作。

第一百二十九条 证券公司的自营业务必须以自己的名义进行，不得假借他人名义或者以个人名义进行。

证券公司的自营业务必须使用自有资金和依法筹集的资金。

证券公司不得将其自营账户借给他人使用。

第一百三十条 证券公司应当依法审慎经营，勤勉尽责，诚实守信。

证券公司的业务活动，应当与其治理结构、内部控制、合规管理、风险管理以及风险控制指标、从业人员构成等情况相适应，符合审慎监管和保护投资者合法权益的要求。

证券公司依法享有自主经营的权利，其合法经营不受干涉。

第一百三十一条 证券公司客户的交易结算资金应当存放在商业银行，以每个客户的名义单独立户管理。

证券公司不得将客户的交易结算资金和证券归入其自有财产。禁止任何单位或者个人以任何形式挪用客户的交易结算资金和证券。证券公司破产或者清算时，客户的交易结算资金和证券不属于其破产财产或者清算财产。非因客户本身的债务或者法律规定的其他情形，不得查封、冻结、扣划或者强制执行客户的交易结算资金和证券。

第一百三十二条 证券公司办理经纪业务，应当置备统一制定的证券买卖委托书，供委托人使用。采取其他委托方式的，必须作出委托记录。

客户的证券买卖委托，不论是否成交，其委托记录应当按照规定的期限，保存于证券公司。

第一百三十三条 证券公司接受证券买卖的委托，应当根据委托书载明的证券名称、买卖数量、出价方式、价格幅度等，按照交易规则代理买卖证券，如实进行交易记录；买卖成交后，应当按照规定制作买卖成交报告单交付客户。

证券交易中确认交易行为及其交易结果的对账单必须真实，保证账面证券余额与实际持有的证券相一致。

第一百三十四条 证券公司办理经纪业务，不得接受客户的全权委托而决定证券买卖、选择证券种类、决定买卖数量或者买卖价格。

证券公司不得允许他人以证券公司的名义直接参与证券的集中交易。

第一百三十五条 证券公司不得对客户证券买卖的收益或者赔偿证券买卖的损失作出承诺。

第一百三十六条 证券公司的从业人员在证券交易活动中，执行所属的证券公司的指令或者利用职务违反交易规则的，由所属的证券公司承担全部责任。

证券公司的从业人员不得私下接受客户委托买卖证券。

第一百三十七条 证券公司应当建立客户信息查询制度，确保客户能够查询其账户信息、委托记录、交易记录以及其他与接受服务或者购买产品有关的重要信息。

证券公司应当妥善保存客户开户资料、委托记录、交易记录和与内部管理、业务经营有关的各项信息，任何人不得隐匿、伪造、篡改或者毁损。上述信息的保存期限不得少于二十年。

第一百三十八条 证券公司应当按照规定向国务院证券监督管理机构报送业务、财务等经营管理信息和资料。国务院证券监督管理机构有权要求证券公司及其主要股东、实际控制人在指定的期限内提供有关信息、资料。

证券公司及其主要股东、实际控制人向国务院证券监督管理机构报送或者提供的信息、资料，必须真实、准确、完整。

第一百三十九条 国务院证券监督管理机构认为有必要时，可以委托会计师事务所、资产评估机构对证券公司的财务状况、内部控制状况、资产价值进行审计或者评估。具体办法由国务院证券监督管理机构会同有关主管部门制定。

第一百四十条 证券公司的治理结构、合规管理、风险控制指标不符合规定的，国务院证券监督管理机构应当责令其限期改正；逾期未改正，或者其行为严重危及该证券公司的稳健运行、损害客户合法权益的，国务院证券监督管理机构可以区别情形，对其采取下列措施：

（一）限制业务活动，责令暂停部分业务，停止核准新业务；

（二）限制分配红利，限制向董事、监事、高级管理人员支付报酬、提供福利；

（三）限制转让财产或者在财产上设定其他权利；

（四）责令更换董事、监事、高级管理人员或者限制其权利；

（五）撤销有关业务许可；

（六）认定负有责任的董事、监事、高级管理人员为不适当人选；

（七）责令负有责任的股东转让股权，限制负有责任的股东行使股东权利。

证券公司整改后，应当向国务院证券监督管理机构提交报告。国务院证券监督管理机构经验收，治理结构、合规管理、风险控制指标符合规定的，应当自验收完毕之日起三日内解除对其采取的前款规定的有关限制措施。

第一百四十一条 证券公司的股东有虚假出资、抽逃出资行为的，国务院证券监督管理机构应当责令其限期改正，并可责令其转让所持证券公司的股权。

在前款规定的股东按照要求改正违法行为、转让所持证券公司的股权前，国务院证券监督管理机构可以限制其股东权利。

第一百四十二条 证券公司的董事、监事、高级管理人员未能勤勉尽责，致使证券公司存在重大违法违规行为或者重大风险的，国务院证券监督管理机构可以责令证券公司予以更换。

第一百四十三条 证券公司违法经营或者出现重大风险，严重危害证券市场秩序、损害投资者利益的，国务院证券监督管理机构可以对该证券公司采取责令停业整顿、指定其他机构托管、接管或者撤销等监管措施。

第一百四十四条 在证券公司被责令停业整顿、被依法指定托管、接管或者清算期间，或者出现重大风险时，经国务院证券监督管理机构批准，可以对该证券公司直接负责的董事、监事、高级管理人员和其他直接责任人员采取以下措施：

（一）通知出境入境管理机关依法阻止其出境；

（二）申请司法机关禁止其转移、转让或者以其他方式处分财产，或者在财产上设定其他权利。

第九章 证券登记结算机构

第一百四十五条 证券登记结算机构为证券交易提供集中登记、存管与结算服务，不以营利为目的，依法登记，取得法人资格。

设立证券登记结算机构必须经国务院证券监督管理机构批准。

第一百四十六条 设立证券登记结算机构，应当具备下列条件：

（一）自有资金不少于人民币二亿元；

（二）具有证券登记、存管和结算服务所必须的场所和设施；

（三）国务院证券监督管理机构规定的其他条件。

证券登记结算机构的名称中应当标明证券登记结算字样。

第一百四十七条　证券登记结算机构履行下列职能：

（一）证券账户、结算账户的设立；

（二）证券的存管和过户；

（三）证券持有人名册登记；

（四）证券交易的清算和交收；

（五）受发行人的委托派发证券权益；

（六）办理与上述业务有关的查询、信息服务；

（七）国务院证券监督管理机构批准的其他业务。

第一百四十八条　在证券交易所和国务院批准的其他全国性证券交易场所交易的证券的登记结算，应当采取全国集中统一的运营方式。

前款规定以外的证券，其登记、结算可以委托证券登记结算机构或者其他依法从事证券登记、结算业务的机构办理。

第一百四十九条　证券登记结算机构应当依法制定章程和业务规则，并经国务院证券监督管理机构批准。证券登记结算业务参与人应当遵守证券登记结算机构制定的业务规则。

第一百五十条　在证券交易所或者国务院批准的其他全国性证券交易场所交易的证券，应当全部存管在证券登记结算机构。

证券登记结算机构不得挪用客户的证券。

第一百五十一条　证券登记结算机构应当向证券发行人提供证券持有人名册及有关资料。

证券登记结算机构应当根据证券登记结算的结果，确认证券持有人持有证券的事实，提供证券持有人登记资料。

证券登记结算机构应当保证证券持有人名册和登记过户记录真实、准确、完整，不得隐匿、伪造、篡改或者毁损。

第一百五十二条　证券登记结算机构应当采取下列措施保证业务的正常进行：

（一）具有必备的服务设备和完善的数据安全保护措施；

（二）建立完善的业务、财务和安全防范等管理制度；

（三）建立完善的风险管理系统。

第一百五十三条 证券登记结算机构应当妥善保存登记、存管和结算的原始凭证及有关文件和资料。其保存期限不得少于二十年。

第一百五十四条 证券登记结算机构应当设立证券结算风险基金，用于垫付或者弥补因违约交收、技术故障、操作失误、不可抗力造成的证券登记结算机构的损失。

证券结算风险基金从证券登记结算机构的业务收入和收益中提取，并可以由结算参与人按照证券交易业务量的一定比例缴纳。

证券结算风险基金的筹集、管理办法，由国务院证券监督管理机构会同国务院财政部门规定。

第一百五十五条 证券结算风险基金应当存入指定银行的专门账户，实行专项管理。

证券登记结算机构以证券结算风险基金赔偿后，应当向有关责任人追偿。

第一百五十六条 证券登记结算机构申请解散，应当经国务院证券监督管理机构批准。

第一百五十七条 投资者委托证券公司进行证券交易，应当通过证券公司申请在证券登记结算机构开立证券账户。证券登记结算机构应当按照规定为投资者开立证券账户。

投资者申请开立账户，应当持有证明中华人民共和国公民、法人、合伙企业身份的合法证件。国家另有规定的除外。

第一百五十八条 证券登记结算机构作为中央对手方提供证券结算服务的，是结算参与人共同的清算交收对手，进行净额结算，为证券交易提供集中履约保障。

证券登记结算机构为证券交易提供净额结算服务时，应当要求结算参与人按照货银对付的原则，足额交付证券和资金，并提供交收担保。

在交收完成之前，任何人不得动用用于交收的证券、资金和担保物。

结算参与人未按时履行交收义务的，证券登记结算机构有权按照业务规则处理前款所述财产。

第一百五十九条 证券登记结算机构按照业务规则收取的各类结算资金和证券，必须存放于专门的清算交收账户，只能按业务规则用于已成交的证券交易的清算交收，不得被强制执行。

第十章　证券服务机构

第一百六十条　会计师事务所、律师事务所以及从事证券投资咨询、资产评估、资信评级、财务顾问、信息技术系统服务的证券服务机构，应当勤勉尽责、恪尽职守，按照相关业务规则为证券的交易及相关活动提供服务。

从事证券投资咨询服务业务，应当经国务院证券监督管理机构核准；未经核准，不得为证券的交易及相关活动提供服务。从事其他证券服务业务，应当报国务院证券监督管理机构和国务院有关主管部门备案。

第一百六十一条　证券投资咨询机构及其从业人员从事证券服务业务不得有下列行为：

（一）代理委托人从事证券投资；

（二）与委托人约定分享证券投资收益或者分担证券投资损失；

（三）买卖本证券投资咨询机构提供服务的证券；

（四）法律、行政法规禁止的其他行为。

有前款所列行为之一，给投资者造成损失的，应当依法承担赔偿责任。

第一百六十二条　证券服务机构应当妥善保存客户委托文件、核查和验证资料、工作底稿以及与质量控制、内部管理、业务经营有关的信息和资料，任何人不得泄露、隐匿、伪造、篡改或者毁损。上述信息和资料的保存期限不得少于十年，自业务委托结束之日起算。

第一百六十三条　证券服务机构为证券的发行、上市、交易等证券业务活动制作、出具审计报告及其他鉴证报告、资产评估报告、财务顾问报告、资信评级报告或者法律意见书等文件，应当勤勉尽责，对所依据的文件资料内容的真实性、准确性、完整性进行核查和验证。其制作、出具的文件有虚假记载、误导性陈述或者重大遗漏，给他人造成损失的，应当与委托人承担连带赔偿责任，但是能够证明自己没有过错的除外。

第十一章　证券业协会

第一百六十四条　证券业协会是证券业的自律性组织，是社会团体法人。

证券公司应当加入证券业协会。

证券业协会的权力机构为全体会员组成的会员大会。

第一百六十五条 证券业协会章程由会员大会制定，并报国务院证券监督管理机构备案。

第一百六十六条 证券业协会履行下列职责：

（一）教育和组织会员及其从业人员遵守证券法律、行政法规，组织开展证券行业诚信建设，督促证券行业履行社会责任；

（二）依法维护会员的合法权益，向证券监督管理机构反映会员的建议和要求；

（三）督促会员开展投资者教育和保护活动，维护投资者合法权益；

（四）制定和实施证券行业自律规则，监督、检查会员及其从业人员行为，对违反法律、行政法规、自律规则或者协会章程的，按照规定给予纪律处分或者实施其他自律管理措施；

（五）制定证券行业业务规范，组织从业人员的业务培训；

（六）组织会员就证券行业的发展、运作及有关内容进行研究，收集整理、发布证券相关信息，提供会员服务，组织行业交流，引导行业创新发展；

（七）对会员之间、会员与客户之间发生的证券业务纠纷进行调解；

（八）证券业协会章程规定的其他职责。

第一百六十七条 证券业协会设理事会。理事会成员依章程的规定由选举产生。

第十二章 证券监督管理机构

第一百六十八条 国务院证券监督管理机构依法对证券市场实行监督管理，维护证券市场公开、公平、公正，防范系统性风险，维护投资者合法权益，促进证券市场健康发展。

第一百六十九条 国务院证券监督管理机构在对证券市场实施监督管理中履行下列职责：

（一）依法制定有关证券市场监督管理的规章、规则，并依法进行审批、核准、注册，办理备案；

（二）依法对证券的发行、上市、交易、登记、存管、结算等行为，进行监督管理；

（三）依法对证券发行人、证券公司、证券服务机构、证券交易场所、证券登记结算机构的证券业务活动，进行监督管理；

（四）依法制定从事证券业务人员的行为准则，并监督实施；

（五）依法监督检查证券发行、上市、交易的信息披露；

（六）依法对证券业协会的自律管理活动进行指导和监督；

（七）依法监测并防范、处置证券市场风险；

（八）依法开展投资者教育；

（九）依法对证券违法行为进行查处；

（十）法律、行政法规规定的其他职责。

第一百七十条 国务院证券监督管理机构依法履行职责，有权采取下列措施：

（一）对证券发行人、证券公司、证券服务机构、证券交易场所、证券登记结算机构进行现场检查；

（二）进入涉嫌违法行为发生场所调查取证；

（三）询问当事人和与被调查事件有关的单位和个人，要求其对与被调查事件有关的事项作出说明；或者要求其按照指定的方式报送与被调查事件有关的文件和资料；

（四）查阅、复制与被调查事件有关的财产权登记、通讯记录等文件和资料；

（五）查阅、复制当事人和与被调查事件有关的单位和个人的证券交易记录、登记过户记录、财务会计资料及其他相关文件和资料；对可能被转移、隐匿或者毁损的文件和资料，可以予以封存、扣押；

（六）查询当事人和与被调查事件有关的单位和个人的资金账户、证券账户、银行账户以及其他具有支付、托管、结算等功能的账户信息，可以对有关文件和资料进行复制；对有证据证明已经或者可能转移或者隐匿违法资金、证券等涉案财产或者隐匿、伪造、毁损重要证据的，经国务院证券监督管理机构主要负责人或者其授权的其他负责人批准，可以冻结或者查封，期限为六个月；因特殊原因需要延长的，每次延长期限不得超过三个月，冻结、查封期限最长不得超过二年；

（七）在调查操纵证券市场、内幕交易等重大证券违法行为时，经国务院证券监督管理机构主要负责人或者其授权的其他负责人批准，可以限制被调查的当事人的证券买卖，但限制的期限不得超过三个月；案情复杂的，可以延长三个月；

（八）通知出境入境管理机关依法阻止涉嫌违法人员、涉嫌违法单位的主管人员和其他直接责任人员出境。

为防范证券市场风险，维护市场秩序，国务院证券监督管理机构可以采取责令改正、监管谈话、出具警示函等措施。

第一百七十一条 国务院证券监督管理机构对涉嫌证券违法的单位或者个人进行调查期间，被调查的当事人书面申请，承诺在国务院证券监督管理机构认可的期限内纠正涉嫌违法行为，赔偿有关投资者损失，消除损害或者不良影响的，国务院证券监督管理机构可以决定中止调查。被调查的当事人履行承诺的，国务院证券监督管理机构可以决定终止调查；被调查的当事人未履行承诺或者有国务院规定的其他情形的，应当恢复调查。具体办法由国务院规定。

国务院证券监督管理机构决定中止或者终止调查的，应当按照规定公开相关信息。

第一百七十二条 国务院证券监督管理机构依法履行职责，进行监督检查或者调查，其监督检查、调查的人员不得少于二人，并应当出示合法证件和监督检查、调查通知书或者其他执法文书。监督检查、调查的人员少于二人或者未出示合法证件和监督检查、调查通知书或者其他执法文书的，被检查、调查的单位和个人有权拒绝。

第一百七十三条 国务院证券监督管理机构依法履行职责，被检查、调查的单位和个人应当配合，如实提供有关文件和资料，不得拒绝、阻碍和隐瞒。

第一百七十四条 国务院证券监督管理机构制定的规章、规则和监督管理工作制度应当依法公开。

国务院证券监督管理机构依据调查结果，对证券违法行为作出的处罚决定，应当公开。

第一百七十五条 国务院证券监督管理机构应当与国务院其他金融监督管理机构建立监督管理信息共享机制。

国务院证券监督管理机构依法履行职责，进行监督检查或者调查时，有关部门应当予以配合。

第一百七十六条 对涉嫌证券违法、违规行为，任何单位和个人有权向国务院证券监督管理机构举报。

对涉嫌重大违法、违规行为的实名举报线索经查证属实的，国务院证券监督管理机构按照规定给予举报人奖励。

国务院证券监督管理机构应当对举报人的身份信息保密。

第一百七十七条 国务院证券监督管理机构可以和其他国家或者地区的证券监督管理机构建立监督管理合作机制，实施跨境监督管理。

境外证券监督管理机构不得在中华人民共和国境内直接进行调查取证等活动。未经国务院证券监督管理机构和国务院有关主管部门同意，任何单位和个人不得擅自向境外提供与证券业务活动有关的文件和资料。

第一百七十八条 国务院证券监督管理机构依法履行职责，发现证券违法行为涉嫌犯罪的，应当依法将案件移送司法机关处理；发现公职人员涉嫌职务违法或者职务犯罪的，应当依法移送监察机关处理。

第一百七十九条 国务院证券监督管理机构工作人员必须忠于职守、依法办事、公正廉洁，不得利用职务便利牟取不正当利益，不得泄露所知悉的有关单位和个人的商业秘密。

国务院证券监督管理机构工作人员在任职期间，或者离职后在《中华人民共和国公务员法》规定的期限内，不得到与原工作业务直接相关的企业或者其他营利性组织任职，不得从事与原工作业务直接相关的营利性活动。

第十三章 法律责任

第一百八十条 违反本法第九条的规定，擅自公开或者变相公开发行证券的，责令停止发行，退还所募资金并加算银行同期存款利息，处以非法所募资金金额百分之五以上百分之五十以下的罚款；对擅自公开或者变相公开发行证券设立的公司，由依法履行监督管理职责的机构或者部门会同县级以上地方人民政府予以取缔。对直接负责的主管人员和其他直接责任人员给予警告，并处以五十万元以上五百万元以下的罚款。

第一百八十一条 发行人在其公告的证券发行文件中隐瞒重要事实或者编造重大虚假内容，尚未发行证券的，处以二百万元以上二千万元以下的罚款；已经发行证券的，处以非法所募资金金额百分之十以上一倍以下的罚款。对直接负责的主管人员和其他直接责任人员，处以一百万元以上一千万元以下的罚款。

发行人的控股股东、实际控制人组织、指使从事前款违法行为的，没收违法所得，并处以违法所得百分之十以上一倍以下的罚款；没有违法所得或者违法所得不足二千万元的，处以二百万元以上二千万元以下的罚款。对直接负责的主管人员和其他直接责任人员，处以一百万元以上一千万元以下的罚款。

第一百八十二条 保荐人出具有虚假记载、误导性陈述或者重大遗漏的保荐书，或者不履行其他法定职责的，责令改正，给予警告，没收业务收入，并处以业务收入一倍以上十倍以下的罚款；没有业务收入或者业务收入不足一百万元的，处以一百万元以上一千万元以下的罚款；情节严重的，并处暂停或者撤销保荐业务许可。对直接负责的主管人员和其他直接责任人员给予警告，并处以五十万元以上五百万元以下的罚款。

第一百八十三条 证券公司承销或者销售擅自公开发行或者变相公开发行的证券的，责令停止承销或者销售，没收违法所得，并处以违法所得一倍以上十倍以下的罚款；没有违法所得或者违法所得不足一百万元的，处以一百万元以上一千万元以下的罚款；情节严重的，并处暂停或者撤销相关业务许可。给投资者造成损失的，应当与发行人承担连带赔偿责任。对直接负责的主管人员和其他直接责任人员给予警告，并处以五十万元以上五百万元以下的罚款。

第一百八十四条 证券公司承销证券违反本法第二十九条规定的，责令改正，给予警告，没收违法所得，可以并处五十万元以上五百万元以下的罚款；情节严重的，暂停或者撤销相关业务许可。对直接负责的主管人员和其他直接责任人员给予警告，可以并处二十万元以上二百万元以下的罚款；情节严重的，并处以五十万元以上五百万元以下的罚款。

第一百八十五条 发行人违反本法第十四条、第十五条的规定擅自改变公开发行证券所募集资金的用途的，责令改正，处以五十万元以上五百万元以下的罚款；对直接负责的主管人员和其他直接责任人员给予警告，并处以十万元以上一百万元以下的罚款。

发行人的控股股东、实际控制人从事或者组织、指使从事前款违法行为的，给予警告，并处以五十万元以上五百万元以下的罚款；对直接负责的主管人员和其他直接责任人员，处以十万元以上一百万元以下的罚款。

第一百八十六条 违反本法第三十六条的规定，在限制转让期内转让证券，或者转让股票不符合法律、行政法规和国务院证券监督管理机构规定的，责令改正，给予警告，没收违法所得，并处以买卖证券等值以下的罚款。

第一百八十七条 法律、行政法规规定禁止参与股票交易的人员，违反本法第四十条的规定，直接或者以化名、借他人名义持有、买卖股票或者其他具有股权性质的证券的，责令依法处理非法持有的股票、其他具有股权性质的证券，没收违法所得，并处以买卖证券等值以下的罚款；属于国家工作人员的，还应当依法给予处分。

第一百八十八条 证券服务机构及其从业人员，违反本法第四十二条的规定买卖证券的，责令依法处理非法持有的证券，没收违法所得，并处以买卖证券等值以下的罚款。

第一百八十九条 上市公司、股票在国务院批准的其他全国性证券交易场所交易的公司的董事、监事、高级管理人员、持有该公司百分之五以上股份的股东，违反本法第四十四条的规定，买卖该公司股票或者其他具有股权性质的证券的，给予警告，并处以十万元以上一百万元以下的罚款。

第一百九十条 违反本法第四十五条的规定，采取程序化交易影响证券交易所系统安全或者正常交易秩序的，责令改正，并处以五十万元以上五百万元以下的罚款。对直接负责的主管人员和其他直接责任人员给予警告，并处以十万元以上一百万元以下的罚款。

第一百九十一条 证券交易内幕信息的知情人或者非法获取内幕信息的人违反本法第五十三条的规定从事内幕交易的，责令依法处理非法持有的证券，没收违法所得，并处以违法所得一倍以上十倍以下的罚款；没有违法所得或者违法所得不足五十万元的，处以五十万元以上五百万元以下的罚款。单位从事内幕交易的，还应当对直接负责的主管人员和其他直接责任人员给予警告，并处以二十万元以上二百万元以下的罚款。国务院证券监督管理机构工作人员从事内幕交易的，从重处罚。

违反本法第五十四条的规定，利用未公开信息进行交易的，依照前款的规定处罚。

第一百九十二条 违反本法第五十五条的规定，操纵证券市场的，责令依法处理其非法持有的证券，没收违法所得，并处以违法所得一倍以上十倍以下的罚款；没有违法所得或者违法所得不足一百万元的，处以一百万元以上一千万元以下的罚款。单位操纵证券市场的，还应当对直接负责的主管人员和其他直接责任人员给予警告，并处以五十万元以上五百万元以下的罚款。

第一百九十三条 违反本法第五十六条第一款、第三款的规定，编造、传播虚假信息或者误导性信息，扰乱证券市场的，没收违法所得，并处以违法所得一倍以上十倍以下的罚款；没有违法所得或者违法所得不足二十万元的，处以二十万元以上二百万元以下的罚款。

违反本法第五十六条第二款的规定，在证券交易活动中作出虚假陈述或者信息误导的，责令改正，处以二十万元以上二百万元以下的罚款；属于国家工作人员的，还应当依法给予处分。

传播媒介及其从事证券市场信息报道的工作人员违反本法第五十六条第三款的规定，从事与其工作职责发生利益冲突的证券买卖的，没收违法所得，并处以买卖证券等值以下的罚款。

第一百九十四条 证券公司及其从业人员违反本法第五十七条的规定，有损害客户利益的行为的，给予警告，没收违法所得，并处以违法所得一倍以上十倍以下的罚款；没有违法所得或者违法所得不足十万元的，处以十万元以上一百万元以下的罚款；情节严重的，暂停或者撤销相关业务许可。

第一百九十五条 违反本法第五十八条的规定，出借自己的证券账户或者借用他人的证券账户从事证券交易的，责令改正，给予警告，可以处五十万元以下的罚款。

第一百九十六条 收购人未按照本法规定履行上市公司收购的公告、发出收购要约义务的，责令改正，给予警告，并处以五十万元以上五百万元以下的罚款。对直接负责的主管人员和其他直接责任人员给予警告，并处以二十万元以上二百万元以下的罚款。

收购人及其控股股东、实际控制人利用上市公司收购，给被收购公司及其股东造成损失的，应当依法承担赔偿责任。

第一百九十七条 信息披露义务人未按照本法规定报送有关报告或者履行信息披露义务的，责令改正，给予警告，并处以五十万元以上五百万元以下的罚款；对直接负责的主管人员和其他直接责任人员给予警告，并处以二十万元以上二百万元以下的罚款。发行人的控股股东、实际控制人组织、指使从事上述违法行为，或者隐瞒相关事项导致发生上述情形的，处以五十万元以上五百万元以下的罚款；对直接负责的主管人员和其他直接责任人员，处以二十万元以上二百万元以下的罚款。

信息披露义务人报送的报告或者披露的信息有虚假记载、误导性陈述或者重大遗漏的，责令改正，给予警告，并处以一百万元以上一千万元以下的罚款；对直接负责的主管人员和其他直接责任人员给予警告，并处以五十万元以上五百万元以下的罚款。发行人的控股股东、实际控制人组织、指使从事上述违法行为，或者隐瞒相关事项导致发生上述情形的，处以一百万元以上一千万元以下的罚款；对直接负责的主管人员和其他直接责任人员，处以五十万元以上五百万元以下的罚款。

第一百九十八条 证券公司违反本法第八十八条的规定未履行或者未按照规定履行投资者适当性管理义务的，责令改正，给予警告，并处以十万元以上一百万元以下的罚款。对直接负责的主管人员和其他直接责任人员给予警告，并处以二十万元以下的罚款。

第一百九十九条 违反本法第九十条的规定征集股东权利的，责令改正，给予警告，可以处五十万元以下的罚款。

第二百条 非法开设证券交易场所的，由县级以上人民政府予以取缔，没收违法所得，并处以违法所得一倍以上十倍以下的罚款；没有违法所得或者违法所得不足一百万元的，处以一百万元以上一千万元以下的罚款。对直接负责的主管人员和其他直接责任人员给予警告，并处以二十万元以上二百万元以下的罚款。

证券交易所违反本法第一百零五条的规定，允许非会员直接参与股票的集中交易的，责令改正，可以并处五十万元以下的罚款。

第二百零一条 证券公司违反本法第一百零七条第一款的规定，未对投资者开立账户提供的身份信息进行核对的，责令改正，给予警告，并处以五万元以上五十万元以下的罚款。对直接负责的主管人员和其他直接责任人员给予警告，并处以十万元以下的罚款。

证券公司违反本法第一百零七条第二款的规定，将投资者的账户提供给他人使用的，责令改正，给予警告，并处以十万元以上一百万元以下的罚款。对直接负责的主管人员和其他直接责任人员给予警告，并处以二十万元以下的罚款。

第二百零二条 违反本法第一百一十八条、第一百二十条第一款、第四款的规定，擅自设立证券公司、非法经营证券业务或者未经批准以证券公司名义开展证券业务活动的，责令改正，没收违法所得，并处以违法所得一倍以上十倍以下的罚款；没有违法所得或者违法所得不足一百万元的，处以一百万元以上一千万元以下的罚款。对直接负责的主管人员和其他直接责任人员给予警告，并处以二十万元以上二百万元以下的罚款。对擅自设立的证券公司，由国务院证券监督管理机构予以取缔。

证券公司违反本法第一百二十条第五款规定提供证券融资融券服务的，没收违法所得，并处以融资融券等值以下的罚款；情节严重的，禁止其在一定期限内从事证券融资融券业务。对直接负责的主管人员和其他直接责任人员给予警告，并处以二十万元以上二百万元以下的罚款。

第二百零三条 提交虚假证明文件或者采取其他欺诈手段骗取证券公司设立许可、业务许可或者重大事项变更核准的，撤销相关许可，并处以一百万元以上一千万元以下的罚款。对直接负责的主管人员和其他直接责任人员给予警告，并处以二十万元以上二百万元以下的罚款。

第二百零四条 证券公司违反本法第一百二十二条的规定，未经核准变更证券业务范围，变更主要股东或者公司的实际控制人，合并、分立、停业、解散、破产的，责令改正，给予警告，没收违法所得，并处以违法所得一倍以上十倍以下的罚款；没有违法所得或者违法所得不足五十万元的，处以五十万元以上五百万元以下的罚款；情节严重的，并处撤销相关业务许可。对直接负责的主管人员和其他直接责任人员给予警告，并处以二十万元以上二百万元以下的罚款。

第二百零五条 证券公司违反本法第一百二十三条第二款的规定，为其股东或者股东的关联人提供融资或者担保的，责令改正，给予警告，并处以五十万元以上五百万元以下的罚款。对直接负责的主管人员和其他直接责任人员给予警告，并处以十万元以上一百万元以下的罚款。股东有过错的，在按照要求改正前，国务院证券监督管理机构可以限制其股东权利；拒不改正的，可以责令其转让所持证券公司股权。

第二百零六条 证券公司违反本法第一百二十八条的规定，未采取有效隔离措施防范利益冲突，或者未分开办理相关业务、混合操作的，责令改正，给予警告，没收违法所得，并处以违法所得一倍以上十倍以下的罚款；没有违法所得或者违法所得不足五十万元的，处以五十万元以上五百万元以下的罚款；情节严重的，并处撤销相关业务许可。对直接负责的主管人员和其他直接责任人员给予警告，并处以二十万元以上二百万元以下的罚款。

第二百零七条 证券公司违反本法第一百二十九条的规定从事证券自营业务的，责令改正，给予警告，没收违法所得，并处以违法所得一倍以上十倍以下的罚款；没有违法所得或者违法所得不足五十万元的，处以五十万元以上五百万元以下的罚款；情节严重的，并处撤销相关业务许可或者责令关闭。对直接负责的主管人员和其他直接责任人员给予警告，并处以二十万元以上二百万元以下的罚款。

第二百零八条 违反本法第一百三十一条的规定，将客户的资金和证券归入自有财产，或者挪用客户的资金和证券的，责令改正，给予警告，没收违法所得，并处以违法所得一倍以上十倍以下的罚款；没有违法所得或者违法所得不足一百万元的，处以一百万元以上一千万元以下的罚款；情节严重的，并处撤销相关业务许可或者责令关闭。对直接负责的主管人员和其他直接责任人员给予警告，并处以五十万元以上五百万元以下的罚款。

第二百零九条 证券公司违反本法第一百三十四条第一款的规定接受客户的全权委托买卖证券的，或者违反本法第一百三十五条的规定对客户的收益或者赔偿客户的损失作出承诺的，责令改正，给予警告，没收违法所得，并处以违法所得一倍以上十倍以下的罚款；没有违法所得或者违法所得不足五十万元的，处以五十万元以上五百万元以下的罚款；情节严重的，并处撤销相关业务许可。对直接负责的主管人员和其他直接责任人员给予警告，并处以二十万元以上二百万元以下的罚款。

证券公司违反本法第一百三十四条第二款的规定，允许他人以证券公司的名义直接参与证券的集中交易的，责令改正，可以并处五十万元以下的罚款。

第二百一十条 证券公司的从业人员违反本法第一百三十六条的规定，私下接受客户委托买卖证券的，责令改正，给予警告，没收违法所得，并处以违法所得一倍以上十倍以下的罚款；没有违法所得的，处以五十万元以下的罚款。

第二百一十一条 证券公司及其主要股东、实际控制人违反本法第一百三十八条的规定，未报送、提供信息和资料，或者报送、提供的信息和资料有虚假记载、误导性陈述或者重大遗漏的，责令改正，给予警告，并处以一百万元以下的罚款；情节严重的，并处撤销相关业务许可。对直接负责的主管人员和其他直接责任人员，给予警告，并处以五十万元以下的罚款。

第二百一十二条 违反本法第一百四十五条的规定，擅自设立证券登记结算机构的，由国务院证券监督管理机构予以取缔，没收违法所得，并处以违法所得一倍以上十倍以下的罚款；没有违法所得或者违法所得不足五十万元的，处以五十万元以上五百万元以下的罚款。对直接负责的主管人员和其他直接责任人员给予警告，并处以二十万元以上二百万元以下的罚款。

第二百一十三条 证券投资咨询机构违反本法第一百六十条第二款的规定擅自从事证券服务业务，或者从事证券服务业务有本法第一百六十一条规定行为的，责令改正，没收违法所得，并处以违法所得一倍以上十倍以下的罚款；没有违法所得或者违法所得不足五十万元的，处以五十万元以上五百万元以下的罚款。对直接负责的主管人员和其他直接责任人员，给予警告，并处以二十万元以上二百万元以下的罚款。

会计师事务所、律师事务所以及从事资产评估、资信评级、财务顾问、信息技术系统服务的机构违反本法第一百六十条第二款的规定，从事证券服务业务未报备案的，责令改正，可以处二十万元以下的罚款。

证券服务机构违反本法第一百六十三条的规定，未勤勉尽责，所制作、出具的文件有虚假记载、误导性陈述或者重大遗漏的，责令改正，没收业务收入，并处以业务收入一倍以上十倍以下的罚款，没有业务收入或者业务收入不足五十万元的，处以五十万元以上五百万元以下的罚款；情节严重的，并处暂停或者禁止从事证券服务业务。对直接负责的主管人员和其他直接责任人员给予警告，并处以二十万元以上二百万元以下的罚款。

第二百一十四条 发行人、证券登记结算机构、证券公司、证券服务机构未按照规定保存有关文件和资料的，责令改正，给予警告，并处以十万元以上一百万元以下的罚款；泄露、隐匿、伪造、篡改或者毁损有关文件和资料的，给予警告，并处以二十万元以上二百万元以下的罚款；情节严重的，处以五十万元以上五百万元以下的罚款，并处暂停、撤销相关业务许可或者禁止从事相关业务。对直接负责的主管人员和其他直接责任人员给予警告，并处以十万元以上一百万元以下的罚款。

第二百一十五条 国务院证券监督管理机构依法将有关市场主体遵守本法的情况纳入证券市场诚信档案。

第二百一十六条 国务院证券监督管理机构或者国务院授权的部门有下列情形之一的，对直接负责的主管人员和其他直接责任人员，依法给予处分：

（一）对不符合本法规定的发行证券、设立证券公司等申请予以核准、注册、批准的；

（二）违反本法规定采取现场检查、调查取证、查询、冻结或者查封等措施的；

（三）违反本法规定对有关机构和人员采取监督管理措施的；

（四）违反本法规定对有关机构和人员实施行政处罚的；

（五）其他不依法履行职责的行为。

第二百一十七条 国务院证券监督管理机构或者国务院授权的部门的工作人员，不履行本法规定的职责，滥用职权、玩忽职守，利用职务便利牟取不正当利益，或者泄露所知悉的有关单位和个人的商业秘密的，依法追究法律责任。

第二百一十八条 拒绝、阻碍证券监督管理机构及其工作人员依法行使监督检查、调查职权，由证券监督管理机构责令改正，处以十万元以上一百万元以下的罚款，并由公安机关依法给予治安管理处罚。

第二百一十九条 违反本法规定，构成犯罪的，依法追究刑事责任。

第二百二十条 违反本法规定，应当承担民事赔偿责任和缴纳罚款、罚金、违法所得，违法行为人的财产不足以支付的，优先用于承担民事赔偿责任。

第二百二十一条 违反法律、行政法规或者国务院证券监督管理机构的有关规定，情节严重的，国务院证券监督管理机构可以对有关责任人员采取证券市场禁入的措施。

前款所称证券市场禁入，是指在一定期限内直至终身不得从事证券业务、证券服务业务，不得担任证券发行人的董事、监事、高级管理人员，或者一定期限内不得在证券交易所、国务院批准的其他全国性证券交易场所交易证券的制度。

第二百二十二条 依照本法收缴的罚款和没收的违法所得，全部上缴国库。

第二百二十三条 当事人对证券监督管理机构或者国务院授权的部门的处罚决定不服的，可以依法申请行政复议，或者依法直接向人民法院提起诉讼。

第十四章　附　　则

第二百二十四条　境内企业直接或者间接到境外发行证券或者将其证券在境外上市交易，应当符合国务院的有关规定。

第二百二十五条　境内公司股票以外币认购和交易的，具体办法由国务院另行规定。

第二百二十六条　本法自 2020 年 3 月 1 日起施行。

全国人民代表大会宪法和法律委员会关于《中华人民共和国证券法（修订草案）》审议结果的报告

全国人民代表大会常务委员会：

常委会第十次会议对证券法修订草案进行了三次审议。会后，法制工作委员会将修订草案三次审议稿印发各省（区、市）、基层立法联系点和中央有关部门以及部分全国人大代表、高等院校、研究机构征求意见，在中国人大网全文公布修订草案三次审议稿征求社会公众意见。宪法和法律委员会、法制工作委员会还到上海、深圳进行调研，听取意见；并就修订草案的有关问题与有关部门交换意见，共同研究。宪法和法律委员会于11月25日召开会议，根据常委会组成人员的审议意见和各方面意见，对修订草案进行了审议。财政经济委员会、司法部、中国证券监督管理委员会的有关负责同志列席了会议。12月16日，宪法和法律委员会召开会议，再次进行审议。宪法和法律委员会认为，为贯彻落实党中央关于资本市场改革发展的决策部署，进一步规范证券的发行和交易行为，保护投资者合法权益，在总结实践经验的基础上，对证券法进行修改是必要的；修订草案经过三次审议修改，已经比较成熟。同时，提出以下主要修改意见：

一、国务院提出，按照习近平总书记的要求，依据全国人大常委会股票发行注册制授权决定，国务院及其有关部门积极开展注册制改革，相关改革措施已经在上海证券交易所科创板成功落地并平稳运行。目前科创板注册制改革主要制度安排基本经受住了市场检验，在证券法修订草案中确立证券发行注册制已经有了实践基础。建议按照全面推行注册制的基本定位规定证券发行制度，不再规定核准制；同时，为有关板块、有关证券品种分步实施注册制的进程安排，留出法律空间。宪法和法律委员会经研究，建议按照全面推行注册制的修改思路，对证券发行制度进行完善，将修订草案三次审议稿

“证券发行”一章中的“一般规定”和“科创板注册制的特别规定”两节合并作出以下修改：一是精简优化证券发行条件。将发行股票应当“具有持续盈利能力”的要求，改为“具有持续经营能力”，同时，按照注册制改革精神，大幅度简化公司债券的发行条件。二是调整证券发行程序。在规定国务院证券监督管理机构依照法定条件负责证券发行申请注册的基础上，取消发行审核委员会制度，明确按照国务院和国务院证券监督管理机构的规定，证券交易所等可以审核公开发行证券申请，并授权国务院规定证券公开发行注册的具体办法。三是强化证券发行中的信息披露。按照注册制“以信息披露为核心”的要求，增加规定：发行人报送的证券发行申请文件，应当充分披露投资者作出价值判断和投资决策所必需的信息，内容应当真实、准确、完整。四是为实践中注册制的分步实施留出制度空间，增加规定：证券发行注册制的具体范围、实施步骤，由国务院规定。

二、有的常委委员和地方、部门提出，资产支持证券、资产管理产品等具有证券属性的金融产品实践中由不同部门监管，监管标准和监管规则不完全统一，建议按照功能监管的原则，明确由国务院依照本法的原则统一规定相关产品的管理办法，规范相关产品的发行、交易活动。宪法和法律委员会经研究，建议在修订草案三次审议稿第二条中增加一款规定：资产支持证券、资产管理产品发行、交易的管理办法，由国务院依照本法的原则规定。

三、修订草案三次审议稿第二条第三款规定，证券衍生品种发行、交易的管理办法，由国务院依照本法的原则规定。有的地方、部门提出，证券衍生品种分为证券型（如权证）和契约型（如股指期货）。其中，证券型品种可作为国务院依法认定的其他证券，直接适用本法；契约型品种可适用期货交易管理条例，目前有关方面正在起草期货法，将来可纳入期货法调整。据此，证券法可不再就证券衍生品种授权国务院规定具体管理办法。宪法和法律委员会经研究，建议删去这一款规定。

四、有的意见提出，为适应我国资本市场对外开放需要，维护境内市场秩序，保护境内投资者合法权益，建议在证券法中明确本法必要的域外适用效力。宪法和法律委员会经研究，建议在修订草案三次审议稿第二条中增加规定：在中华人民共和国境外的证券发行和交易活动，扰乱中华人民共和国境内市场秩序，损害境内投资者合法权益的，依照本法有关规定处理并追究法律责任。

五、有的常委委员和地方、部门、专家提出，为提高证券违法行为的违法成本，在加大行政处罚和刑事制裁的同时，应当充分发挥民事赔偿的作用；证券民事诉讼具有涉及投资者人数众多，单个投资者起诉成本高、起诉意愿不强等特点，建议在民事诉讼法框架内，结合证券民事诉讼的具体特点，有针对性地完善相关制度，有效保护投资者合法权益；有的建议，发挥投资者保护机构在证券民事诉讼中的作用，明确投资者保护机构可按照“明示退出、默示加入”的规则，为证券登记结算机构确认的受损害的投资者向法院办理登记，提起代表人诉讼。宪法和法律委员会经研究，建议在修订草案三次审议稿第一百零五条中增加两款规定：一是明确，投资者提起虚假陈述等证券民事赔偿诉讼，可能存在有相同诉讼请求的其他众多投资者的，人民法院可以发出公告，说明该诉讼请求的案件情况，通知投资者在一定期间向人民法院登记。人民法院作出的判决、裁定，对参加登记的投资者发生效力。二是明确，投资者保护机构受五十名以上投资者委托，可以作为代表人参加诉讼，并为经证券登记结算机构确认的权利人向人民法院登记，但投资者明确表示不愿意参加该诉讼的除外。

六、有的常委会组成人员和地方、部门、单位建议，在修订草案三次审议稿的基础上，进一步加大对证券违法行为的处罚力度，显著提高证券违法成本，严厉惩治并震慑违法行为人。宪法和法律委员会经研究，建议对法律责任一章作以下修改：对相关证券违法行为，有违法所得的，规定没收违法所得。同时，较大幅度地提高行政罚款额度，按照违法所得计算罚款幅度的，处罚标准由原来的一至五倍，提高到一至十倍；实行定额罚的，由原来多数规定的三十万元至六十万元，分别提高到最高二百万元至二千万元（如欺诈发行行为），以及一百万元至一千万元（如虚假陈述、操纵市场行为）、五十万元至五百万元（如内幕交易行为）等。

此外，还对修订草案三次审议稿作了一些文字修改。

12 月 10 日，法制工作委员会召开会议，邀请全国人大代表、专家学者以及证券交易所、证券公司、证券服务机构、投资者、上市公司等方面的代表，就修订草案中主要制度规范的可行性、法律出台时机、法律实施的社会效果和可能出现的问题等进行评估。总的评价是：证券法修订草案贯彻落实党中央关于资本市场改革发展的决策部署，坚持问题导向，重点解决实践中存在的突出问题，总体适应现阶段资本市场改革发展需要。修订草案关于证券发行制度改革的相关规定，总结了实践中科创板注册制改革试点的成功经验，符合当前资本市场实际，符合市场、社会各方面的预期，总体是可行的。目前法律出台的时机已经成熟，建议尽快审议通过、颁布实施。有的会议代表还对修订草案提出了一些具体修改意见，宪法和法律委员会进行了认真研究，建议结合常委会审议情况一并考虑。

修订草案四次审议稿已按上述意见作了修改，宪法和法律委员会建议提请本次常委会会议审议通过。

修订草案四次审议稿和以上报告是否妥当，请审议。

全国人民代表大会宪法和法律委员会

2019 年 12 月 23 日

全国人民代表大会宪法和法律委员会关于《中华人民共和国证券法（修订草案四次审议稿）》修改意见的报告

全国人民代表大会常务委员会：

本次常委会会议于12月23日下午对证券法修订草案四次审议稿进行了分组审议。普遍认为，修订草案经过审议修改已经比较成熟，建议进一步修改后，提请本次常委会会议表决通过。同时，有些常委会组成人员和列席会议的同志还提出了一些修改意见。宪法和法律委员会于12月24日上午召开会议，逐条研究了常委会组成人员的审议意见，对修订草案进行了审议。财政经济委员会、最高人民法院、司法部、中国证券监督管理委员会的有关负责同志列席了会议。宪法和法律委员会认为，修订草案是可行的，同时，提出以下修改意见：

一、修订草案四次审议稿第二十一条第二款规定，按照国务院和国务院证券监督管理机构的规定，证券交易所等可以审核公开发行证券申请。有的意见提出，负责证券发行申请注册的部门，既包括国务院证券监督管理机构，也包括国务院授权的部门，修订草案四次审议稿的上述表述不够全面；有的提出，该条第一款已规定证券公开发行注册的具体办法由国务院规定，证券交易所等进行审核也应当依照国务院的规定执行。宪法和法律委员会经研究，建议将相关规定修改为：按照国务院的规定，证券交易所等可以审核公开发行证券申请。

二、有的常委委员提出，修订草案四次审议稿第一百零二条、第一百零五条关于证券交易所机构设置、参与证券交易所集中交易必须是其会员的规定，应当只适用于实行会员制的证券交易所，建议对此予以明确。宪法和法律委员会经研究，建议采纳这一意见。

三、有的常委委员提出，为强化对证券服务机构的监管，应当发挥相关行业主管部门的作用，会计师事务所等证券服务机构从事证券服务业务，除了报国务院证券监督管理机构备案外，还应当报其主管部门备案。宪法和法律委员会经研究，建议将相关规定修改为：从事其他证券服务业务，应当报国务院证券监督管理机构和国务院有关主管部门备案。

此外，根据常委会组成人员的审议意见，还对修订草案四次审议稿作了一些文字修改。

有的常委会组成人员还对本法通过后的实施和宣传工作提出了很好的意见，建议国务院及其有关部门及时出台相关配套规定，加强宣传解读工作，着力推进新证券法落地实施。宪法和法律委员会建议有关方面认真研究常委会组成人员的审议意见，抓紧制定相关配套规定，保证新证券法顺利实施，保障相关改革顺利推进；相关部门要做好新证券法的宣传和政策解读，为资本市场健康发展营造良好的舆论环境。

修订草案建议表决稿已按上述意见作了修改，宪法和法律委员会建议本次常委会会议审议通过。

修订草案建议表决稿和以上报告是否妥当，请审议。

全国人民代表大会宪法和法律委员会

2019 年 12 月 27 日

完善证券市场基础制度 保障资本市场改革发展

——中国证监会祝贺《中华人民共和国证券法》修订通过*

2019年12月28日，第十三届全国人大常委会第十五次会议审议通过了修订后的《中华人民共和国证券法》（以下简称新证券法），将于2020年3月1日起施行。本次证券法修订，按照顶层制度设计要求，进一步完善了证券市场基础制度，体现了市场化、法治化、国际化方向，为证券市场全面深化改革落实落地，有效防控市场风险，提高上市公司质量，切实维护投资者合法权益，促进证券市场服务实体经济功能发挥，打造一个规范、透明、开放、有活力、有韧性的资本市场，提供了坚强的法治保障，具有非常重要而深远的意义。

本次证券法修订，系统总结了多年来我国证券市场改革发展、监管执法、风险防控的实践经验，在深入分析证券市场运行规律和发展阶段性特点的基础上，作出了一系列新的制度改革完善：

一是全面推行证券发行注册制度。在总结上海证券交易所设立科创板并试点注册制的经验基础上，新证券法贯彻落实十八届三中全会关于注册制改革的有关要求和十九届四中全会完善资本市场基础制度要求，按照全面推行注册制的基本定位，对证券发行制度做了系统的修改完善，充分体现了注册制改革的决心与方向。同时，考虑到注册制改革是一个渐进的过程，新证券法也授权国务院对证券发行注册制的具体范围、实施步骤进行规定，为有关板块和证券品种分步实施注册制留出了必要的法律空间。

二是显著提高证券违法违规成本。新证券法大幅提高对证券违法行为的处罚力度。如对于欺诈发行行为，从原来最高可处募集资金百分之五的罚款，提高至募集资金的一倍；对于上市公司信息披露违法行为，从原来最高可处

* 载中国证券监督管理委员会网站，http：//www. csrc. gov. cn/pub/newsite/zjhxwfb/xwdd/201912/t20191228_ 368688. html，最后访问时间：2020年1月5日。

以六十万元罚款，提高至一千万元；对于发行人的控股股东、实际控制人组织、指使从事虚假陈述行为，或者隐瞒相关事项导致虚假陈述的，规定最高可处以一千万元罚款等。同时，新证券法对证券违法民事赔偿责任也做了完善。如规定了发行人等不履行公开承诺的民事赔偿责任，明确了发行人的控股股东、实际控制人在欺诈发行、信息披露违法中的过错推定、连带赔偿责任等。

三是完善投资者保护制度。新证券法设专章规定投资者保护制度，作出了许多颇有亮点的安排。包括区分普通投资者和专业投资者，有针对性的做出投资者权益保护安排；建立上市公司股东权利代为行使征集制度；规定债券持有人会议和债券受托管理人制度；建立普通投资者与证券公司纠纷的强制调解制度；完善上市公司现金分红制度。尤其值得关注的是，为适应证券发行注册制改革的需要，新证券法探索了适应我国国情的证券民事诉讼制度，规定投资者保护机构可以作为诉讼代表人，按照“明示退出”“默示加入”的诉讼原则，依法为受害投资者提起民事损害赔偿诉讼。

四是进一步强化信息披露要求。新证券法设专章规定信息披露制度，系统完善了信息披露制度。包括扩大信息披露义务人的范围；完善信息披露的内容；强调应当充分披露投资者作出价值判断和投资决策所必需的信息；规范信息披露义务人的自愿披露行为；明确上市公司收购人应当披露增持股份的资金来源；确立发行人及其控股股东、实际控制人、董事、监事、高级管理人员公开承诺的信息披露制度等。

五是完善证券交易制度。优化有关上市条件和退市情形的规定；完善有关内幕交易、操纵市场、利用未公开信息的法律禁止性规定；强化证券交易实名制要求，任何单位和个人不得违反规定，出借证券账户或者借用他人证券账户从事证券交易；完善上市公司股东减持制度；规定证券交易停复牌制度和程序化交易制度；完善证券交易所防控市场风险、维护交易秩序的手段措施等。

六是落实“放管服”要求取消相关行政许可。包括取消证券公司董事、监事、高级管理人员任职资格核准；调整会计师事务所等证券服务机构从事证券业务的监管方式，将资格审批改为备案；将协议收购下的要约收购义务豁免由经证监会免除，调整为按照证监会的规定免除发出要约等。

七是压实中介机构市场“看门人”法律职责。规定证券公司不得允许他人以其名义直接参与证券的集中交易；明确保荐人、承销的证券公司及其直接责任人员未履行职责时对受害投资者所应承担的过错推定、连带赔偿责任；提高证券服务机构未履行勤勉尽责义务的违法处罚幅度，由原来最高可处以业务收入五倍的罚款，提高到十倍，情节严重的，并处暂停或者禁止从事证券服务业务等。

八是建立健全多层次资本市场体系。将证券交易场所划分为证券交易所、国务院批准的其他全国性证券交易场所、按照国务院规定设立的区域性股权市场等三个层次；规定证券交易所、国务院批准的其他全国性证券交易场所可以依法设立不同的市场层次；明确非公开发行的证券，可以在上述证券交易场所转让；授权国务院制定有关全国性证券交易场所、区域性股权市场的管理办法等。

九是强化监管执法和风险防控。明确了证监会依法监测并防范、处置证券市场风险的职责；延长了证监会在执法中对违法资金、证券的冻结、查封期限；规定了证监会为防范市场风险、维护市场秩序采取监管措施的制度；增加了行政和解制度，证券市场诚信档案制度；完善了证券市场禁入制度，规定被市场禁入的主体，在一定期限内不得从事证券交易等。

十是扩大证券法的适用范围。将存托凭证明确规定为法定证券；将资产支持证券和资产管理产品写入证券法，授权国务院按照证券法的原则规定资产支持证券、资产管理产品发行、交易的管理办法。同时，考虑到证券领域跨境监管的现实需要，明确在我国境外的证券发行和交易活动，扰乱我国境内市场秩序，损害境内投资者合法权益的，依照证券法追究法律责任等。

此外，此次证券法修订还对上市公司收购制度、证券公司业务管理制度、证券登记结算制度、跨境监管协作制度等作了完善。

证监会将认真学习、贯彻新证券法，充分认识新证券法出台的重大意义，全面理解和掌握新证券法规定的有关制度和措施，加快制定、修改完善配套规章制度，完善证券市场基础制度，严格执行好法律修改后的各项规定，不断提高监管执法工作水平，充分发挥新证券法在推进市场改革、维护市场秩序、强化市场功能、保障投资者合法权益等方面的积极作用。

图书在版编目（CIP）数据

中华人民共和国证券法新旧条文对照与适用精解：新旧对照、逐条解读、关联指引 / 邢会强编著 . —北京：中国法制出版社，2020. 2（2022.6重印）

ISBN 978 -7 -5216 -0844 -1

Ⅰ. ①中… Ⅱ. ①邢… Ⅲ. ①证券法 - 法律适用 - 中国 Ⅳ. ①D922. 287. 5

中国版本图书馆 CIP 数据核字（2020）第 011941 号

策划编辑 王 熹

责任编辑 王 熹 赵律玮 白天园

封面设计 周黎明

中华人民共和国证券法新旧条文对照与适用精解

ZHONGHUA RENMIN GONGHEGUO ZHENGQUANFA XINJIU TIAOWEN DUIZHAO YU SHIYONG JINGJIE

编著/邢会强

经销/新华书店

印刷/北京虎彩文化传播有限公司

开本/710 毫米 ×1000 毫米 16 开

印张/ 11. 75 字数/ 185 千

版次/2020 年 2 月第 1 版

2022 年 6 月第 3 次印刷

中国法制出版社出版

书号 ISBN 978 -7 -5216 -0844 -1

定价：45. 00 元

北京西单横二条 2 号

邮政编码：100031

传真：010 -66031119

网址：http：//www. zgfzs. com

编辑部电话：010 -66010493

市场营销部电话：010 -66033393

邮购部电话：010 -66033288

（如有印装质量问题，请与本社印务部联系调换。电话：010 -66032926）